俄式訓練 ，為提你只用自體重量訓練，
就能練到超級強壯的**戰鬥民族訓練法**

MASTER THE SECRETS OF SUPER-STRONG-USING
BODYWEIGHT EXERCISES ONLY

THE
NAKED WARRIOR

帕維爾

徒手戰士

PAVEL
TSATSOULINE

帕維爾·塔索林———**著**
陳柏瑋———**譯**
王啟安———**審定**

目錄
contents

化繁爲簡，厚積而薄發的實務訓練指南

台灣大學外國語文學系兼任講師　王啟安

國內健身運動的風氣愈發興盛，國人對於運動訓練的目標也愈來愈多元，近年來各種與運動訓練相關的書籍、課程、甚至公司行號如雨後春筍般成立。除了促進身體健康與強健體魄之外，很多人開始透過訓練來提升最大肌力、爆發力、肌耐力、發力率等更具專項性的體能指標，以達到更優異的運動表現。

至於最好的訓練方法到底是什麼？這個問題一直是運動訓練領域中各門各派的爭論焦點。如果以提升肌力、促進運動表現的角度來看，使用大肌群、多關節的訓練動作，並以漸進式超負荷的方式來讓身體向上適應，似乎是目前較為主流的操作方式。槓鈴、啞鈴、壺鈴、自身體重等訓練工具各有不同的優缺點與效益，要怎樣安排才能達到最好的訓練效果呢？

要回答這個問題，就不能不認識本書作者，也就是前蘇聯特種部隊體育教官、現任美軍海豹突擊隊和美國特勤局的特聘專家帕維爾·塔索林（Pavel Tsatsouline）。帕維爾本身是壺鈴專家，將壺鈴這個隨處可見的訓練工具發揮到極致，研發出千變萬化的訓練方法。除了壺鈴以外，帕維爾也結合槓鈴、啞鈴、自身體重等訓練工具的長處，針對不同目的設計出最好的訓練方法，並根據自己多年的訓練與教學經驗，撰寫了《帕維爾徒手戰士訓練》一書，為全世界各地的運動訓練愛好者指引一條明路。

帕維爾在此書中提出一個看似簡單卻非常有效的訓練觀念，叫做軌道潤滑訓練法（Grease The Groove，簡稱 GTG）。簡單來說，GTG 訓練的宗旨在於選定不超過兩種訓練動作，在維持最佳動作技術細節的前提下，以低疲勞、少次數、高強度、高頻率的方式來訓練。帕維爾推薦的兩個動作，分別是槍式深蹲（又稱單腳深蹲）以及單手伏地挺身。至於為什麼是這兩個動作？做不到這兩個動作怎麼辦？這兩個動作就夠了嗎？可否在訓練課表中加入或換成其他動作？帕維爾在書中都有非常仔細且精彩的解說。

除了 GTG 以外，帕維爾在訓練動作的執行上，非常強調「高張力」的概念。任何人只要有一定的訓練經驗，應該不難發現身體張力在訓練上扮演重要的角色。巨大的體外負荷、槓桿角度不利的負重位置、以及難度較高的自身體重訓練動

作，都是促進肌力與運動表現提升的良方。如果能確實讓全身的工作肌群達到高張力狀態，往往能夠發揮出令人匪夷所思的力量；但如果不懂得如何繃緊身體、維持最大張力，就會常常覺得力有未逮，很難達到良好的訓練效果。針對這個問題，帕維爾也借用許多運動選手、資深教練、以及武術大師的經驗，鉅細靡遺地與讀者分享製造全身張力的方法。

當然，帕維爾不愧是經驗豐富的大師級教練，除了動作執行細節與課表安排之外，也花了不少篇幅討論他的訓練哲學、以及「徒手戰士」訓練法的核心精神，相當值得思考玩味。此外，帕維爾也強調必須根據運動項目或目標的「專項性」來安排訓練內容，例如體操選手當然必須以自身體重的訓練動作為主，而健力選手的菜單則少不了大重量的槓鈴訓練動作。

帕維爾以簡潔扼要的文字、幽默風趣的筆觸，將徒手戰士的概念表達得恰到好處。全書閱讀起來相當輕鬆，讀起來和故事書一樣讓人欲罷不能；同時也讓讀者收穫滿滿，恨不得在閱讀的同時立刻開始學以致用。不管您是健身教練、運動員、肌力訓練老鳥、初學者，相信在閱讀本書的過程中都能體驗到豁然開朗的感受，許多疑惑許久的問題也將迎刃而解。

當然，我們也要感謝本書譯者怪力中醫陳柏瑋醫師的優質翻譯，將帕維爾的語氣與幽默詮釋得淋漓盡致，無論是生硬的細節說明、活潑的故事敘述、生動的類比解說，都能原汁原味呈現出來。陳醫師親身投入格鬥與肌力體能訓練多年，理論與實務基礎都非常紮實，能用最精準又平實的文字表達複雜多變的訓練細節與觀念，實在是本書譯者的不二人選。

誠摯邀請您閱讀本書，一窺帕維爾這位當代訓練大師的方法與哲學。

徒手訓練──
大重量訓練的最佳助攻員

怪力中醫 陳柏瑋

近幾年來，國內健康意識抬頭，許多人發現了肌力訓練、阻力訓練、大重量訓練有助於人體康健，於是人們開始湧入健身房訓練，健身風潮正盛行；但是，如果有這麼一天，我們都不能上健身房了，你有想過要怎麼延續訓練習慣嗎？

本書中第一章節提到了：「除非您的生命歷程像溫室裡的花草一樣，舒適且環境穩定，不然終將有一天您會落入無鐵可舉的困境裡。」

巧合的是，在本書的翻譯作業結束後的數個月，這樣的困境活生生血淋淋地降臨在你我的面前── COVID-19 疫情爆發，全台健身房因應防疫作業而關閉了三個月。

雖然經過全民的努力，現在健身房已經可以在有防疫措施的前提下開放，但誰都沒有辦法保證無鐵可舉的困境不會再次降臨到你我的身上。為此，如果你是健身愛好者，或者你已在實行大重量訓練的路上，那我會很推薦你來練習徒手戰士訓練法，一來是這一套訓練法在住家就可以得到不錯的訓練效果，二來是這幾個動作非常適合當作大重量訓練的補強項目。

以下來談談徒手訓練的特性：

徒手訓練的基本定義為使用自身體重來達到肌力訓練的目的。自由重量器材大多數的時候關注在穩定自身中軸並以四肢發力來「移動器材」，而徒手訓練則是在中軸穩定的情況下以四肢發力來「移動身體」，這樣的特性可能更符合某些類型運動員的動作型態，並且若能獲得良好的移動身體能力，也等於具有更靈活自由的運動性能。

徒手訓練有個顯著的缺點：強度調整不易，如何進退階會成為課題。此外，在某些雙邊對稱性的徒手訓練動作中，訓練強度的天花板太低而導致後期訓練效益不高。本書作者找出了兩個強度最高，且動作效益最好的動作為主軸，令徒手訓練也能達到類似槓鈴、壺鈴大重量訓練的效果，當然，在有大重量訓練器材的狀況下，你能更快通往強壯的道路，但人生往往不如此容易順遂，你不會永遠都有大重量器材可以使用。

徒手訓練的最大優點：如同本書所述，隨時隨地都能訓練（除非你被囚禁在空間不足兩平方公尺的空間，或是身上被上了手腳銬或是束縛帶），一旦學會單腳深蹲，那等於能扛起一倍體重以上的槓鈴來訓練，一旦學會單手伏地挺身，那就等於隨時帶著一顆自身體重一半以上重量的大啞鈴；這些重量一點都不輕呢！你可以在診間裡面沒病人的時候練（如果你跟我一樣是醫師的話）、如果你的工作時間不方便上健身房那也可以在家練、出國旅遊時想維持訓練刺激但又不想多攜帶腰帶、護膝、運動服時，徒手戰士訓練也會是你的極佳選擇！記得這四個字：隨時、隨地！

本書中除了提及兩大動作：單腳深蹲（又名槍式深蹲）、單手伏地挺身及他們的對應進退階動作以外，還教導了重量訓練中最重要的基本功：呼吸法。在呼吸法的教學中引用了不少武術先師的指導語，這讓這本書成為了承先啟後的重要樞紐，過去的武術功法是一座座寶山，但往往要入山數十載方能有所小成，作者帕維爾用最簡單的方式讓讀者能在數個月內就掌握這些困難的「氣功」，如同武俠小說內所云的「將數十年內功化境轉移給徒弟」，若有幸能閱讀此書，我誠摯地邀請你花數個月的時間練習看看，學會呼吸法並且靈活的應用在生活當中、應用在你的日常訓練裡，這將會是人生中難能可貴的至寶。

最後，我要提及的是，推廣徒手訓練並不代表你要放棄原有的訓練課表，徒手訓練該扮演的腳色應是大重量訓練的最佳助攻員，以及當無法觸及自由重量器材時的替代方案，學會徒手戰士訓練法，一來能為你的訓練課表增添色彩（相信我，學會單手伏地挺身的那一刻，你會在板凳臥推中看見完全不同的風景），二來則是有備無患，你將永遠不必在遇到無鐵可舉的困境時感到焦慮。

最後的最後，我想模仿本書作者帕維爾，獻給各位一句話：願你強而有力（Power to you）！

CHAPTER
1

徒手戰士的戰鬥守則

「徒手戰士訓練法」——為何使用徒手訓練？

肌力。純正的力量

徒手戰士實行守則

徒手戰士教條

力量型運動員的真實訓練情況

體操選手如何透過自身體重訓練就達到良好的訓練效果

「徒手戰士訓練法」

為何使用徒手訓練？

因為，隨時隨地都能做。

東尼・布勞爾（Tony Blauer），執法團體和軍事團體中最頂尖的防禦戰術、近距離作戰教官之一，創造了「赤手空拳的戰士」一詞（簡稱徒手戰士）。「縱使赤手空拳，我也有自我防衛的能力。」東尼・布勞爾如此說道，「但是如果我手上有 MP5 衝鋒槍、克維拉纖維防彈背心、或者帶領一支訓練精良的 S.W.A.T. 小隊，肯定能做的更好。」

相同的道理，也可用在肌力訓練上。若能使用優質的器材（槓鈴、壺鈴、單槓等），您將獲得最大的進步。但是，除非您的生命歷程像溫室裡的花草一樣，舒適且環境穩定，否則您總會有無法使用器材的時候。

請拒絕向這樣的困境低頭。

「無中生有」是俄羅斯特種部隊極度重視的一項技能。
你知道如何用篝火上的灰燼來洗澡嗎？你可以在綁腿帶裡塞滿乾草來讓雙腳保持溫暖嗎？你能使用手榴彈和香煙來組裝定時炸彈嗎？

你可以隨時隨地執行優質的肌力訓練嗎？
翻開這本書的這一刻起，你可以。

引用老羅斯福（Theodore Roosevelt）的話：「盡你所能、用你所有、安你所在。」

肌力。純正的力量

你不太可能永遠是「最強」。如同以下這個蠢問題一樣：「健力選手和大力士比賽選手，誰比較強？」這個問題可以類比成「鯊魚和獅子打架，誰會贏？」請問您指的是在陸地上或是海洋裡？

強壯可能意味著許多不同的面向，必須在一定脈絡下才能比較。
強壯指的是**在特定條件下**展現肌力的能力。
若以最簡單的方法將肌力分門別類，可分為以下三種：

最大肌力
爆發肌力
肌耐力

強壯指的是在特定條件下展現肌力的能力。

俄羅斯極真（Kyokushinkai）全接觸空手道選手與教練奧列格‧伊格納托夫（Oleg Ignatov），提供了以下徒手訓練範例，以訓練出這三種不同的肌力類型：

● **伏地挺身**：單手伏地挺身（最大肌力），跳躍式拍手伏地挺身（爆發肌力）和高反覆伏地挺身（肌耐力）。

● **深蹲**：單腳深蹲（最大肌力），低反覆全力深蹲跳（爆發肌力），高反覆（連續 50 下以上）深蹲跳（肌耐力）以及高反覆深蹲（肌耐力）。

徒手戰士訓練法的目標在於最大肌力，結案。
原因為何？

● 因為純正的力量在市面上的書籍很少被提及，那些書裡只有滿滿的高反覆次數訓練法。

● 因為肌耐力的相關論述已經被說到爛掉了。

● 因為長期來看，只要提升最大肌力，爆發力也會自動跟著上升。

● 因為外表其實和能力沒有關係。

祝福你強而有力！

徒手戰士實行守則

如果您是為了尋找另一種漫無目的訓練歷程，讓自己在無限反覆的伏地挺身與仰臥起坐之間感到肌肉充血、痠疼，那麼您來錯地方了。**徒手戰士訓練法**要的是肌力，結案。

長期刻苦訓練的真男人就算進不了健身房，也不會屈就於高反覆訓練的。

這是事實，真正可觀的肌力只能透過高阻力、低反覆次數的鍛鍊來取得，這樣的鍛鍊帶來極高的肌肉張力。

注意到了嗎？我說的是「高阻力」而非「大重量」。舉個經典例子：這個世界上能臥推兩倍自身體重的人，遠比能單手引體向上的人多太多了。

《徒手戰士訓練》即將向您呈現，如何選擇最合適的自身體重訓練動作來挑戰極限，這個難度將會使你一組之內只能勉強做幾下而已。我們將透過改變四肢的槓桿作用與重心分布，來提升或降低難度。如果標準伏地挺身對你來說很容易，請試試單手伏地挺身；如果單手伏地挺身也不成問題，接著請將下肢抬高，我相信你懂的。街頭健身玩家就是藉由這樣的進退階方法來調整難易度。例如，如果單手伏地挺身對您來說太困難，那可以調高手部高度來降低難度。

使用槓鈴與槓片來進行真正的肌力訓練，用低反覆次數、高強度、全身性的鍛鍊動作（如硬舉與抓舉）來獲得訓練效益，無疑已是公理正義。而徒手戰士訓練計畫的特色，在於提供了兩個能夠隨時隨地進行的鍛鍊動作：**單腳深蹲**以及**單手伏地挺身**。這兩個鍛鍊動作是全身性鍛鍊動作，而且十分困難，幾乎等同於用自身體重來進行健力訓練了。

用無窮盡的高反覆動作將肌肉搞到力竭，無法鍛鍊出肌力；施予肌肉大量張力才可以。

要誘發出高肌肉張力，高阻力是其中一個條件，另外一個則是全神貫注在肌肉收縮上。產生高肌肉張力的技術，是變強壯最重要的變項，遠比肌肉量重要多了，否則阿列克謝‧席沃肯（Alexey Sivokon）也無法以 67 公斤（148 磅）的體重來完成 226 公斤（500 磅）的臥推了。

既然強壯是一種技巧，就必須透過「練習」才能達到，而非只是當成「健身」而已。因此，徒手戰士訓練法不同於您所見過的任何訓練法，您將需要日復一日地練習、您將專注於最大肌肉張力、並完全避免肌肉疲勞與力竭。若能做到上述幾點，肌力的增長會來的又快又猛。

「我在一週內從引體向上 5 下，進步到 10 下。」來自 RKC，體重 106 公斤（235 磅）的克里斯‧魯比歐（Chris Rubio），在 dragondoor.com 論壇如此說道。這樣的肌力成長十分常見。

徒手戰士訓練法的另一個特色是高張力技術。單純用力收縮目標肌群已是很棒的事，但其實您可以透過使用傳統武術的秘訣來讓肌肉收縮、收縮、再收縮。徒手戰士訓練法將肌肉收縮與傳統武術，整合為一種有效又能快速增長肌力的混合訓練法。

來自西雅圖警局的傑夫‧塞勒格（Jeff Selleg，Valley SRT 訓練教官）如此寫道：「帕維爾，感謝您在美國執法人員訓練協會（American Society of Law Enforcement Training，ASLET）的訓練指導，我對您帶來的技巧嘆為觀止。在您的三小時研討會後，我的引體向上足足增加了 6 下。」要如何在這麼短的時間獲得這樣的增長呢？答案是透過增加肌肉收縮強度。

徒手戰士！祝福你強而有力，隨時、隨地！

徒手戰士教條

● 用無窮盡的高反覆動作將肌肉搞到力竭，無法鍛鍊出肌力；施予肌肉大量張力才可以。

● 要誘發出高肌肉張力，高阻力是其中一個條件，另外一個則是全神貫注在肌肉收縮上。

● 透過刻意製造不利的槓桿作用和四肢之間的重量分配，即可在沒有大重量器材的情況下製造出高阻力。

● 透過少數幾個高阻力、低反覆、全身性鍛鍊動作，即可獲得最佳的肌力增長。徒手戰士訓練課表僅包含兩個鍛鍊動作：單腳深蹲與單手伏地挺身，這兩個動作等同於自身體重的健力鍛鍊。

● 肌力訓練是一種技術，必須把訓練視為練習而非只是健身。您將會日復一日地練習，您將會專注於最大肌肉張力，您將完全避免肌肉疲勞與力竭。

● 產生張力的技術，是變強壯最重要的一件事，遠比肌肉量的增長重要多了。

● 源自傳統武術的高張力技巧，會使你的肌肉更緊繃，進而使您變得更強壯。

力量型運動員的
眞實訓練情況

一本關於最大肌力訓練的書，若涉及到最大肌力這件事，無論使用的是槓鈴還是自身體重都一樣，如果不借鑑那些專注追求肌力的專家：舉重運動員與健力運動員，那這本書將是不完整的。

這些專家是怎麼訓練的呢？如果你並非其中一員，則有可能將舉重、健力運動員與健美運動員歸成同一類別，並假定這兩種運動員都遵循相同的「要練就練到死」的高反覆力竭訓練原則。這種想法大錯特錯。

舉重選手鍛鍊肌力的經典模組：透過少數幾個鍛鍊動作，通常都是舉重競技的兩項動作以及它們的變化動作，來執行 6-10 組，每組 1-3 下。
健力選手遵循著相似的訓練課表，而他們一組內的反覆次數會提高到 5 或 6 下，因為健力競技動作（蹲舉、臥推、硬舉）相較於舉重動作（抓舉、挺舉）技術需求較低。健力選手傾向於減少組數，因為硬舉動作比起抓舉更容易讓人力竭。

舉重選手幾乎每天都訓練，通常一天練兩次到三次。至今仍有許多健力選手一個動作一週只練習一次，但這種作法很早就不適用了，畢竟常勝的俄羅斯國家男子健力代表隊，一週會練習臥推達 8 次，這是難以忽視的事實。

這兩種運動員都不會把自己練到力竭。縱使只使用 50% 的強度，舉重選手一組最多只做 3 下，健力選手也使用相似的方法。除非是在競賽場合，否則最優秀的選手訓練時，會在一組內保留 1-2 下的力量。

這兩種力量型運動員都知道，如果一直持續以相同的強度與訓練量訓練，將會使他們的肌力增長停滯。因此，他們玩的遊戲叫做「向前兩步，向後一步」：先向前推進，然後後退一點點。

力量型選手透過堅持不懈的練習，來練出更大的肌肉張力。不停突破臥推紀錄

的喬治・哈爾伯特（George Halbert）把槓練到斷掉。世界健力冠軍厄尼・弗朗茲（Ernie Frantz）練習整天把全身張力繃緊。世界蹲舉紀錄保持者賈德・比亞修脫博士（Dr. Judd Biasiotto）每次動作都用最完美的方式，展現最大的肌肉張力。

撇開上述戲劇性、煽動的情節，要建構肌力（無論是使用自身體重或槓鈴槓片），可以簡單明瞭的歸納成以下結論：

採取全身性、中軸骨骼承重的鍛鍊動作；執行一組最多 5 下、重複多組的鍛鍊方式，永遠不要力竭，且每組之間要有充分的休息時間；**貫注**所有注意力在動作技巧與肌肉張力上；**不斷改變**訓練量與訓練強度。

力量型運動員的真實訓練情況

● 只做少數幾個「主」項目動作
● 一組最多做 5 下，永遠不要力竭，
　組與組之間要有充分休息
● 全神貫注在動作技巧與肌肉張力上
● 不斷改變訓練量與訓練強度

接下來，您將學習到如何把上述原理應用到肌力訓練中，而且使用的器材是無法加減重量的——您的身體。

體操選手如何透過
自身體重訓練
就達到良好訓練效果

絕不要漫無目的地增加動作反覆次數，來自亞利桑那州鳳凰城沙漠魔鬼隊（Desert Devils）的體操教練克里斯多福・索默爾（Christopher Sommer）說道：「為了變強壯而做一大堆永無止盡的伏地挺身、仰臥起坐、引體向上、雙槓下推，對整體健康或是耐力可能有幫助，但對於增強肌力，就算了吧。」

俄羅斯頂尖運動科學家、前世界舉重冠軍選手——阿爾卡迪・沃羅比約夫（Arkady Vorobyev）堅信，每組反覆次數超過 6 下，會阻礙肌力發展。俄羅斯舉重隊另一名頂尖選手羅伯特・羅曼（Robert Roman）解釋：「提高肌肉張力與強度能增長肌力，練到力竭或是高反覆的練法則不能。」他澄清道：「做高反覆能產生的肌肉張力，遠比做最大肌力（或接近最大肌力）時小得多。」因此，如果你希望進步的是臥推成績、單手伏地挺身成績，但使用的方法卻是連續操練 100 個伏地挺身，那你不會得到你想要的。而且，使用槓鈴或徒手訓練之間並沒有什麼神奇的魔法或玄學，都遵守著相同的肌力訓練原理。

克里斯多福‧索默爾曾訓練出州際級、地區級、以及國家級體操冠軍。
如有需要安排研討會，可以發送郵件至 olympicbodies@aol.com

槓鈴訓練與徒手訓練都遵守同樣的
肌力訓練原理，沒有什麼神奇的魔法與玄學。

問題來了：

使用徒手訓練時，我們的體重就只有這麼重，那要如何做到 6 次反覆或更高的
強度呢？

這很簡單：

透過在四肢之間重新分配重心、調控動作幅度、在不穩定環境中訓練、改變槓桿、並且盡可能減少反彈與動能。

接下來讓我們一一來審視這些策略。

把腳抬高到如圖示的高度，你將得到 80% 手／ 20% 腳的重心分配。

在四肢之間重新分配重心

執行基本的地板伏地挺身時，你的體重平均分布在手腳之間，差不多是 50% 手／ 50% 腳。將腳放到板凳上，重心將有 70% 分布到手上。將腳再抬得更高，則可以達到 80% 手／ 20% 腳。完全倒立的時候，你的手臂將負擔 100% 的體重（或幾近 100%──端看你的前臂有沒有與地面保持鉛垂）。

這樣你就明白了。反過來也適用，將你的手放在桌上或甚至牆上，這樣就只需要推起部分體重。

重新分配重心的另一個範例，是進行雙手伏地挺身時，將較多的重量轉移到一側手臂。隨著你越來越強壯，請持續將另一手的負重降低，直到你能執行標準的單手伏地挺身為止。還有另外一種方法，是抬起一隻腳執行伏地挺身。

執行單腳深蹲時以門框輔助，在蹲起階段使用雙手抓住門框來降低難度，這也是另一種重新分配重心的方式。

將你的軀幹抬高而非雙腳,這樣就只需提起部分體重。

調控動作幅度

重新分配重量,是用來調控徒手戰士訓練動作阻力的主要方法,但這並不是唯一的方法。你將會在一些動作中調控動作幅度。臀部貼地的單腳深蹲,很受俄羅斯特種部隊(Russian Special Force)的青睞,或許在遙遠的將來你能做到,但此時此刻,我確定你一定能做到單腳坐到高板凳上,再單腳站起來。

我確定你一定能做到單腳坐到高板凳上，
再單腳站起來。

在不穩定環境中訓練

肌力與肌肉張力息息相關。放大張力的一種方法是使用較大的重量——但這顯
然不適用於目前的課表。另一種讓肌肉獲得更大挑戰的方法，是在不穩定環境
中訓練。有裝備健力冠軍傑克・瑞普（Jack Reape）教過我一種有趣的下斜
伏地挺身（decline pushup）變化：別將腳放到板凳上，而是放在兩個壺鈴
的手把上。壺鈴的不穩定性，將會迫使你的全身保持緊繃與牢固。

若在本書中提供的單手／單腳伏地挺身加上不穩定性，也會使難度倍增。單腳
深蹲也是如此。

屈膝懸吊舉腿比起直膝懸吊舉腿容易多了。

改變槓桿

你可以操縱的另一個變項是槓桿。古希臘科學家／數學家阿基米德吹噓過：給我一枝夠長的槓桿，我可以舉起地球。他講的有道理，不過槓桿作用是雙向的，減少槓桿，鍛鍊會變得更加困難。在體操吊環上做十字支撐與引體向上，兩種動作使用的重量完全一樣，但困難程度完全是不同水準。

在懸吊舉腿動作中,保持直膝會讓難度倍增。

使用槓桿劣勢的鍛鍊動作,是體操運動員超凡肌力的秘訣之一。克里斯多福·索默爾在他即將出版的新書《打造奧運選手的軀體》(*Building the Olympic Body*)一書中提到:「關鍵就在阻力」,以下篇章節錄自 dragondoor.com 的文章:「肌肉收縮以抵抗阻力,只要堅持下去,一段時間過後肌肉會變強壯。為了增長肌力,一定要隨著時間逐步增加阻力或負重。因此,當只有自身體重可以使用時,問題就出現了:當阻力(體重)固定時,你要如何持續增長肌力?答案出奇的簡單——透過減少鍛鍊中可能出現的槓桿作用,會使鍛鍊動作的阻力逐步增加。例如,在懸吊舉腿中,直膝版本比起屈膝版本困難的多,在這兩個鍛鍊動作中,雙腿的重量都一樣,但透過製造槓桿劣勢(例如在這個動作中伸直雙膝),我們可以大大地提高阻力。僅透過伸直雙膝,縱使體重保持不變,我們的鍛鍊困難度實際上也倍增了。」

以下有種操縱槓桿的有趣方法：瑞克・奧斯伯恩（Rick Osbourne）與布萊恩・麥卡斯基（Brian McCaskey）在《*Pull Your Own Weight*》一書中建議使用「支點轉移」，他們說道：「支點轉移其實行之有年，就是指將膝蓋跪在地上來讓標準伏地挺身難度降階。依照舊有的標準方法，你有兩個潛在的支點可以使用：

1. **你的膝蓋**
2. **你的腳掌**

奇怪的是，當你下定決心要藉由這個方法來進步到可以完成標準伏地挺身時，會發現要將支點從膝蓋轉移到腳掌並沒有想像中容易……需要使用一張小板凳，將板凳放在下肢下方從臀部到腳掌之間的任何位置，當板凳往臀部移動時，阻力就會減少。隨著肌力的增長，板凳應該逐漸移向腳趾。當然，以我們的想法來說，到最後應該要可以完全移除板凳而完成標準伏地挺身。」

別出現反彈與動能

你還可以透過將反彈與動能最小化來增加徒手鍛鍊的難度。有兩種方法可以做到這一點：

第一種方法是「靜態啟動」，以單手伏地挺身來說，別在胸口碰到地面時就立刻反彈挺身上來，試著平貼在地面、完全放鬆，接著一口氣發力挺身上來。

第二種方法是「動態等長收縮」，就是動作最低點維持肌肉張力暫停幾秒鐘，而後再繼續動作。回到單手伏地挺身的範例，你的胸部在觸及地面時會暫停 1-5 秒鐘，做起來很痠嗎？這就對了！

在動作最低點維持肌肉張力暫停幾秒鐘，而後再繼續動作

在胸部觸地 1-5 秒後，發力挺身上來，覺得痠就對了

前體操選手布拉德・強生（Brad Johnson）證明了，使用自身體重鍛鍊的各種變化版本，增長是沒有極限的。圖片由布拉德・強生提供。

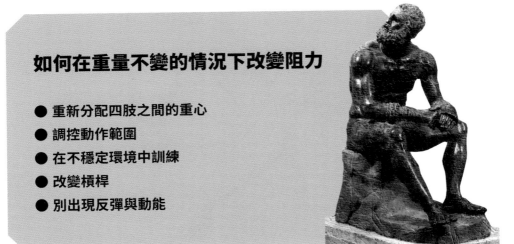

如何在重量不變的情況下改變阻力

● 重新分配四肢之間的重心
● 調控動作範圍
● 在不穩定環境中訓練
● 改變槓桿
● 別出現反彈與動能

克里斯多福・索默爾總結道：「憑藉經驗與創造力，再加上正確的操作與合宜的課表安排，有可能學會、甚至自行設計出槓桿劣勢的鍛鍊動作，即使只使用自身體重，也可能建立起驚人的肌力。」

帕維爾徒手戰士訓練法

CHAPTER

2

徒手戰士訓練動作簡介

「軌道潤滑訓練法」：如何在沒有規律訓練的情況下變的超級強壯

「槍式深蹲」：俄羅斯特種部隊首選的腿力強化動作

單手／單腳伏地挺身：「全身張力鍛鍊」

「軌道潤滑訓練法」：
如何在沒有規律訓練的情況下
變的超級強壯

該課表最初發表在《MILO：玩真的力量型運動員雜誌》上，我大力推薦您在 ironmind.com 上訂閱此優質雜誌。

「想活埋我們的共產主義敵人，休息的時候都在運動，而不是喝咖啡。」
──鮑勃・霍夫曼，約克槓鈴俱樂部（Bob Hoffman，York Barbell Club）

有一次，我看到一名年輕的海軍陸戰隊員，在一個相當熱門的肌力訓練網站上發問：「我應該如何鍛練，來讓我的引體向上進步？」

看到這位軍人收到的奇妙建議時，我感到很有趣：「多做直臂下拉，多做反向彎舉，同時避免反手引體向上的離心階段⋯⋯」

我有個很激進的想法：

如果你想要專精引體向上，那為什麼不試試看⋯⋯練一大堆引體向上呢？

就在幾個月前，我帶我的岳父羅傑・安東森（他剛好是退役海軍陸戰隊員）執行了新的引體向上課表，課表的內容是：他每次走進地下室，就得做 5 個反手引體向上。他每天做的引體向上次數在 25 到 100 間，執行起來不費吹灰之力。羅傑每個月都讓自己休息幾天，然後自我測驗一下，不知不覺間，這名海軍陸戰隊退伍老兵已可連續做 20 下反手引體向上，遠比四十年前他還是年輕大頭兵時厲害很多！

選定動作 + 反覆練習 = 成功

幾個月後，羅傑賣掉了房子，住進了公寓。身為偏執的共產黨員，我非常懷疑他能否持續遵守「每次到地下室都做 5 下引體向上」條款。所以，依據政治局法令，安東森同志被授予了「健身房在你家」──門框加掛式單槓，而明智的他，遵從了黨的意志，並繼續執行他的「引體向上軌道潤滑訓練法」課表。

我的父親弗拉迪米爾（Vladimir）是一名蘇聯軍官，在我青春期時就要我執行相同的軌道潤滑訓練法。我父母的公寓在廚房門框上方設置了一個內嵌式收納空間（這是俄羅斯設計──你不會懂的）每一次我離開廚房時，我會用手指勾住門框的邊緣，將自己吊在門框上，並在不太費力的情況下盡可能多做指尖引體向上。因此，高中的引體向上測驗對我來說輕而易舉。（僅供參考：在俄羅斯的高級中學，男孩們在標準正握引體向上測驗中，做 12 下為滿分，如果低於 8 下就算不及格）

若根據傳統健美常識，羅傑和我不太可能藉由這個課表變得更強壯。「每週訓練同一肌群兩次以上不會『過度訓練』嗎！？」「這課表的訓練強度呢！？」

但我們就是做到了。幾年前，我在《 MILO：玩真的力量型運動員雜誌》上發表了此課表後，無數的俄羅斯人與美國人也藉由這個課表變強壯了。以下有一些在 dragondoor.com 討論網上的軌道潤滑訓練法推薦文章，這只是一小部分而已。

DRAGONDOOR.COM 論壇的 軌道潤滑訓練法推薦文：

軌道潤滑訓練法棒透了！
來自：康拉德‧日期／時間 2002-05-16 01:14:43

我用槍式單腳蹲以及倒立肩推做了一週的軌道潤滑訓練法。第一天，我的左腳僅能歪七扭八的完成一下槍式深蹲、右腳可執行最低階版本的 1 下，而倒立肩推只能做 1 下。到了第五天第六天，槍式深蹲可做到單腳 2 下、倒立肩推 2 下，每天抓到時間就練。到了今天，也就是練了一週以後，我再次嘗試了一下，左右腳都可以做標準的屁股貼地槍式深蹲 5 下、倒立肩推也能完成 5 下！感謝敬愛的帕維爾與黨，提供給我這麼有效的課表！我接下來要嘗試負重以及動作行程了。

軌道潤滑訓練法中最快速的肌肥大？
來自：洛克‧日期／時間 2002-09-12 18:47:54

我曾經試著用軌道潤滑訓練法做無負重提踵訓練，為了要強化小腿來背負更重，並且讓自己執行課表更順暢。7 天後，我從繃緊小腿時看不到任何東西，到小腿肌從我大腿肌肉側面膨出半吋，從後膝窩到跟腱看起來就像解剖圖譜一樣。今天，當我繃緊小腿想看一下它現在長怎樣時，我又震驚了一次。
軌道潤滑訓練法真的有效！ :)

軌道潤滑訓練法練了一週，235 磅重的我，引體向上從 5 下進步到 10 下
來自：克里斯‧盧比奧（RKC）‧日期／時間 2003-04-23 21:33:22

更多的軌道潤滑訓練法推薦文：

8 週引體向上軌道潤滑訓練法成果
來自：runc2・日期 / 時間 2003-04-13 13:38:05
8 週前開始練引體向上軌道潤滑訓練法時，我只能做輔助
引體向上 1 下。今天，我完成了 6 下完全懸垂靜態啟動的
引體向上！

連續兩次突破動作次數的個人紀錄……
來自：埃里克・布魯斯・日期 / 時間 2003-08-27 13:08:18
昨天晚上，我做到了……
左右手各 15 下單手伏地挺身。
兩個月前，我甚至無法做完 1 下。
完全就是軌道潤滑訓練法的功勞。

軌道潤滑訓練法系統
爲何有效？

字面上來說，軌道潤滑訓練法就是將你選擇的鍛鍊動作刻進神經裡。

透過做許多高強度但非最大肌力的鍛鍊組（換句話說：刻意練習），您的技術將會變得非常出色，一旦有一天你決定使出全力時，就會有更多的「神經動力」抵達你的肌肉組織，因為此時你的神經已經變成超導體。

結果是什麼？縱使你從未在訓練中使用接近極限的強度，你仍然突破了個人紀錄（PR，personal record）！

如果你還在舊的健身思維中，這似乎違反直覺。不過，一旦你將肌力訓練視為終身實踐，這其實非常合理。

避免肌肉疲勞對於本計畫的成功至關重要，無論你追求的是最大肌力還是最大反覆次數，都要在訓練中避免力竭。

一種不錯的指引原則是：每一組只能做盡全力能做到的最大反覆次數的 1/2（雖然做更少下也可以）。例如方才提到的羅傑 ‧ 安東森，當他反手引體向上個人紀錄為 20 下時，他會使用每組 9 下來訓練。

「在不疲勞的情況下盡可能努力訓練。」

但由於徒手戰士計畫的目標是純粹的力量,因此請在一組內最多做 5 下,並盡量選擇較困難的自身體重鍛鍊動作。

強壯是一種專業技能。弗拉基米爾・扎特西爾斯基(Vladimir Zatsiorsky)教授是一名從蘇聯棄暗投明到美國的肌力訓練專家,他將強壯是一種專業技能這一觀點總結為:一名運動員應該「在不疲勞的情況下盡可能努力訓練」。這句話是肌力訓練心法最佳總結,如果背下這句話會花你太多時間的話,乾脆直接把這句話刺在手臂上。

單腳站立，腳跟不離地，將另一腳懸空向前伸直，在下蹲階段要完全掌控平衡感，一直到大腿後側碰觸到小腿肚。

「就只是」單腳站立、下蹲至底而後站起，同時另一腳全程伸直懸空在身體前側，蹲下至站起時不能有彈跳動作。很簡單吧？

「槍式深蹲」：
俄羅斯特種部隊首選的
腿力強化動作

如果你想要練出強壯的雙腿，但除了自身體重以外沒有其他的器材阻力可使用，那麼我們只有一種鍛鍊動作要提供給你：

單腳深蹲，在俄羅斯特種部隊中又暱稱為「手槍蹲」。就只是單腳站立、下蹲至底而後站起，同時另一腳全程伸直懸空在身體前側，蹲下至站起時不能有彈跳動作。很簡單吧？

全程不要彈跳。

蹲到底時稍停片刻,而後站起。
注意別扭傷膝蓋,別讓膝關節過度內夾或前伸。

想知道以俄羅斯硬漢的標準來計分，你能得幾分嗎？

根據俄羅斯全聯盟研究所體育碩士 S. Lobanov 和 A. Chumakov 所開發的一系列體育測驗標準，單腳連續蹲 10 下為「不錯」，15 下「良好」以及 20 下為「優秀」。只要透過增加暫停時間、使用壺鈴負重等方式來增加難度，你能在訓練時每組不超過 5 下的前提下，練到連續 20 下的標準單腳深蹲。

讓我們開始認真討論動作。單腳站立，腳跟不離地，將另一腳懸空向前伸直，在下蹲階段要完全掌控平衡感，一直到大腿後側碰觸到小腿肚。全程不要彈跳。蹲到底時稍停片刻，而後站起。注意別扭傷膝蓋，別讓膝關節過度內夾或前伸。

如果你可以按照上述指引（雖然在肌力訓練書籍中這個動作很少被提及，但這算是經典的動作指引）做出乾淨俐落的槍式深蹲，那我會脫帽向您致敬；但我認為你做不到。我想表達的是：訓練動作不需要多，重點在於注意細節。苦心鑽研一兩招的街頭格鬥家，總能擊敗知曉如何格擋十幾種拳頭招式的黑帶選手。

本書後面的章節，會呈現給你全面性、循序漸進的指引，讓你的單腳深蹲（或稱槍式深蹲）以及單手伏地挺身（徒手戰士訓練計畫也只有這兩個鍛鍊動作了）從初心者進化到大師等級——此外，還有許多很酷的變化版本，來讓這兩個動作進階或退階。

練得少，練得巧。

單手／單腳伏地挺身：
「全身張力鍛鍊」

「鍛鍊動作越多，體育訓練就越讓人滿足、更有吸引力，這根本大錯特錯。」丹麥體操隊總教練 K.A. 克努森（K.A. Knudsen）在 1920 年發表的《體操教科書》裡提到：「體操老師必須學習自我節制的藝術。學校課程中分配給體育課的短暫時間，往往都浪費在毫無價值的動作上。因此，體操老師要學的第一堂課是：老師要能評估自己選擇的鍛鍊動作到底有沒有價值。」

單手／單腳伏地挺身就是這樣的鍛鍊動作。

留意幾件事：兩側肩膀的連線有沒有和地面保持平行？胸部有無輕微觸地？你的腳掌重心是在腳掌側緣還是腳趾球？

技驚四座只是這個動作的附加價值，其意義深遠超乎想像。

兩側肩膀的連線應與地面保持平行。

技驚四座只是這個動作的附加價值，
其意義深遠超乎想像。

重心不應放在腳掌側緣，應該在腳趾球上

胸部應當輕微觸地。

俄羅斯資深壺鈴教練布雷特・瓊斯（Brett Jones）將單手／單腳伏地挺身稱為「全身張力鍛鍊」。
圖片由 Dragon Door 出版社的丹尼斯・阿姆斯壯（Dennis Armstrong）提供。

RKC 資深教練布雷特・瓊斯（Brett Jones）是全方位的強者、第一屆戰術肌力挑戰賽冠軍、InMotionAthletics.com 網站所有者，稱「單手／單腿伏地挺身」為「全身張力鍛鍊」。刻苦練成這個動作時，你會發現：如果沒用上所有的徒手戰士表現提升技巧，根本不可能做出這個動作，也因此，它的價值遠遠不只在增強上肢推動作相關肌群，也是優秀的核心肌群訓練，且磨練到的技巧能讓你的肌肉繃緊，以獲得更大的肌力，這些好處可以遷移到其他方面。

退役體操選手布拉德・強生（Brad Johnson）在 dragondoor.com 上的一篇好文中寫道：「體操專項的體能技巧中最重要的元素之一就是全身張力，或說『身體張力』。」「當體操選手繃緊全身時，比起身體各節段鬆散的狀況下，無論在靜態支撐動作或是動態動作中，都可以更輕鬆的控制身體活動。當一個人放鬆全身時，要移動他會遠比他將身體繃緊時困難很多，所以警察試圖押送或將示威者強制帶離抗議現場時，示威者們會刻意讓全身癱軟（這會使他們變得重到不行）。透過學會並反覆練習這些提升身體張力的技術，可以更容易做到許多進階的徒手肌力訓練動作。」

若你能在單手／單腳伏地挺身中發現自己有一條肌肉在耍廢，那真是福星高照。雖然聽起來難以想像，但在這個動作中即使是你的闊背肌，也應該累得像狗一樣。

單手伏地挺身的另一個優點，是對於肩關節來說非常的安全，不像標準雙手伏地挺身一樣容易出現肩關節訓練過度的情況，因為你根本沒辦法做很多下單手伏地挺身，尤其是單手／單腳版本，就算你整天都在做也一樣！

但在學飛之前，你需要先學會走。因此，請按照本書稍後提供的詳盡說明來逐步練習，來學會這個超屌的動作。

軌道潤滑訓練法是終極的專項化訓練計畫。專項的意思就是你無法專精太多項目。徒手戰士訓練法提供給你的訓練動作只有槍式深蹲與單手伏地挺身兩種，沒其他的了。我們的戰士身上沒有盔甲與防彈衣、手上幾乎沒有武器，但我們將有限的資源發揮地淋漓盡致。

CHAPTER

3

快速提升肌力的
高張力技術

肌肉張力，力量的來源

「蠻力」vs.「巧勁」

低檔位，高扭力

「動態張力不就像剎車一樣嗎？」

拳頭的力量

意想不到的發力：來自槍械教官的指示

有力的腹肌＝有力的身體

將你的「後輪驅動系統」拉到高速檔

有一名體操運動員使用你剛剛學到的三種繃緊張力技術，

十字支撐測試馬上就增加了 18 公斤（40 磅）的肌力。

「靜態重踩」：利用地面壓力來達到最大爆發力

闊背肌發力以下壓夾緊你的肩胛骨：空手道大師與頂尖臥推選手的祕訣

「螺旋勁」：空手道正拳的另一項祕訣

繃緊全身：腕力比賽的戰術，能讓你的肌力瞬間提升 20％

「鐵布衫」——教導繃緊技術時的嚴厲關愛

比繃緊更進階的技巧：「鎖緊」

拉緊就有力量

你已經對徒手戰士訓練計畫有基本認識了，現在開始說說細節。

肌肉張力，力量的來源

增加肌肉收縮的強度，可以成就出驚人的肌力。

「為什麼執行得當的徒手體能訓練會如此有效？」體操教練克里斯多福・索默爾（Christopher Sommer）問道。「有好幾個原因，其中首要的是肌肉的收縮。基本上，在鍛鍊過程中，全身大部分肌群收縮得越用力，鍛鍊效果就越好。為了獲得最大的成效，不需要訓練到力竭，但讓肌肉收縮到最強是必要的。這些進階的徒手鍛鍊最主要的優點是，執行這些鍛鍊需要完整、全身的肌肉收縮。不過對於訓練程度較高的人而言，要讓全身肌肉完全收縮非常困難，可說是根本不可能做到。」

肌肉張力＝力量。肌肉繃得越緊，能展現與鍛鍊出的肌力就越大。徒手戰士訓練技術，將教導你如何透過將肌肉收縮得更緊繃，來使你變得更強壯，請準備好讓你的肌力，從訓練的第一天就開始變強。

肌肉張力＝力量。
將肌肉收縮到極致，你將能使肌力
增長到超乎想像。

幾個世紀以來，武術家，以及體操運動員、舉重運動員、和其他超強的運動員，已經默默地開發了許多高效能的技巧，透過將身體分散的能量集中到目標肌肉來將肌力極大化。這些高肌肉張力技術（high-tension techniques，HTTs）會迫使肌肉收縮到極致，來最大化你的肌力。徒手戰士訓練計畫，就是將這些技術統合，並系統化成一種使你快速變強壯的簡單方法。

將武術中的高肌肉張力技術（HTTs）
系統化應用後，肌肉張力的最大化
將大幅增強你的肌力。

如果你是一位經驗老道的武術家，你可能會發現自己其實已經熟悉其中好幾項技術了，但問題是，為何你不將這些技術應用到肌力訓練之中呢？又為什麼你不將這些技術傳授給學生呢？如果你有傳授下去，那麼為何你的學生需要花好幾年才開始搞懂這些技術究竟在幹嘛呢？

我不會聲稱自己發明了這些發力技術，但確實是我將它們編排成有組織與有邏輯的系統，這個系統使得這些技術可以在幾天、甚至幾小時內就傳授出去。

「這些我花了十年時間才弄清楚的中國傳統武術功法，帕維爾成功的用簡單且俐落的方式解釋並應用。」聯邦核能安全團隊的防禦戰術體能教練傑夫・馬爾頓（Jeff Martone）如此說道。傑夫的評論是我教授軍事和執法課程後會獲得的典型評論，這些課程的特色，是透過徒手戰士原則來達成肌肉張力最大化／最大化發力。提升肌肉張力的方法，就是徒手戰士的祕密武器。

「蠻力」vs.「巧勁」

「全都是技術。」這樣的經典老套自我安慰屁話常出自健美運動員之口，他正揉著自己充血脹起的手臂，此時正坐在腕力較勁桌上，對面是只有他身形一半大的可憐小夥子：「喔對了，臥推也全都是技術。」

事實上，還真的是！在最近的一項研究中，受試者們透過單純想像用力繃緊肱二頭肌但不做任何動作，在三個月內將他們的二頭肌肌力提高了 13%。唯一可以解釋這種肌力增長的，是透過增加「神經力」來使肌肉張力變強。

世界臥推冠軍喬治·哈爾伯特（George Halbert）直言不諱地說過：「後天提升肌力的方式有很多，其中最重要的方向是學習適當的技術，但有一種思維是這樣的，『他並不強壯，只是技術很好。』這種思維讓人感到困惑。你有沒有聽過以下這幾句話：『其實他射的沒有很準，只是技術很好。』或是『其實他跑的沒有很快，只是技術很好。』？」

「肌力是一種技術」

過分關注「愚蠢的」肌肉而不去磨練「神經力」，真的太蠢了。在某次阿諾健身博覽會（Arnold Schwarzenegger Fitness Expo）中，我們在攤位上發出嚴峻的公開挑戰，挑戰者要使用我們的 40 公斤（88 磅）壺鈴來做出標準的直腿肩推（military press），這個生硬的怪物壺鈴有著粗厚光滑的把手，挑戰時，我們並沒有要求挑戰者必須將壺鈴從地面先上膊至鎖骨高度，以免到時候聽到「這只是需要技巧」的失敗挑戰者自我安慰的屁話。我們想看到的是標準的、全程直膝不借力的壺鈴肩推。

競技壺鈴平台的 RKC 高級教官羅伯‧勞倫斯。
他強調嚴謹的技術、專注的心神以及力求發展出強韌的肌力。
照片來源：PhiladelphiaKettlebellClub.net

大力士比賽選手和健力舉重選手都挑戰成功，但 100-113 公斤（220-250 磅）之間的健美選手卻悲劇地挑戰失敗。另一方面，我們的高級俄式壺鈴挑戰（Russian Kettlebell Challenge，簡稱 RKC）教官羅伯‧勞倫斯（Rob Lawrence）成功完成了 40 公斤的壺鈴挑戰，他的體重為 76 公斤（168 磅），身高 180 公分（5 呎 11 吋）。羅伯是「聰明的肌肉」的一個例子，他是強韌的空手道選手，他從不「健身」，而是透過反覆練習來強化自己的肌力。另一位 RKC 教官尼克‧弗雷瑟（Nick Fraser）是來自英國的踢拳選手，他以 70 公斤（154 磅）的體重挑戰成功。

將肌力訓練當作一種練習，而非健身。

上述這些「全都是技術」嗎？當然囉！這麼說會有損這些人的成就嗎？不會的，反而讓他們更令人尊敬。被大隻佬屌打或是被小傢伙屌打，哪個讓你覺得更羞恥呢？

在任何的鍛鍊中（包括肌力訓練），心神合一比起任何身體改變更為重要。看看老練的空手道大師劈開一大疊磚頭的一擊，這一擊足以把任何一位年輕健壯的健美選手送進急診室。

低檔位，高扭力

硬舉 408 公斤（900 磅）的馬克・亨利（Mark Henry）曾說過：「要成為優秀的健力選手，需要的是低檔位高扭力。」換句話說，當你得將汽車從溝渠中拖出來時，你需要叫的是拖吊車，而不是法拉利跑車。

近年來爆發力訓練蔚為風潮，這毫無疑問的對很多事情都很有幫助。但如果想得到殘暴的怪力，爆發力訓練沒有幫助。這一點，俄羅斯的研究有明確的共識。（若需要參考資料，請在 dragondoor.com 論壇上敲我）

可以預料到你的問題，不會的，這樣的訓練不會讓你在武術或其他競技上速度變慢。如同空手道的「三戰步」（Sanchin kata）不會阻礙選手變強，不是嗎？要知道的是，很少有競技項目像健力那樣偏頗地專注在最大肌力上，爆發力與最大肌力必須分開處理。大多數競技運動都需要「多檔位切換」，本書則完全側重在「低檔位」，這點在其他地方獲得的關注實在太少了。

過度強調速度反而會使全身張力降低。維持身體繃緊的能力，是任何力量型運動員（無論是體操選手、健力選手、還是角力選手）運動表現中最關鍵的技能之一。「繃住啊！」是你在任何力量型競技賽場中，最常聽到的加油吶喊，而且，只有真正的菁英運動員，可以在快如閃電的爆發動作中仍然維持全身緊繃。縱使是西岸槓鈴俱樂部（Westside Barbell Club，他們的爆發力訓練最為出名）的健力選手，也會在例行訓練中特別挑一天來「磨練」核心繃緊技術。所以，在你掌握了全身張力技術，而後肌力真的開始增長之前，先忘了那些華麗的花招吧。

展現肌力最關鍵的技術為「保持繃緊」。
過分強調速度，反而會使身體張力降低。

羅伯·勞倫斯（方才提到的 RKC 教官）在 dragondoor.com 論壇上有篇十分有見地的貼文：「要訣是，在不犧牲為了對抗負重所需的全身張力的前提下，盡可能的快速動作。如果你想在身體前側快速的揮動雙臂，那你需要的是盡可能地放鬆；但如果你想要的是大重量的臥推，為了穩定支撐槓鈴所需的全身張力，必然會限制動作速度。

初學者首要著重的是全身繃緊張力！如果你試著教初學者立刻提高動作速度，那麼受訓者會把『快速動作』與『歪七扭八的動作』這兩件完全不同的事情混為一談，這就是為什麼《Power to the People！》一書中強調全身張力優先於一切的原因。一旦有了必備的全身張力基礎，就可以開始試著加快動作速度。令我震驚的是，有時候有些天賦異稟的人第一次拿起重量時就能「一把抓」（同時做出全身張力與速度）。例如，昨晚來上我壺鈴課程的那位女士，在她的第二堂壺鈴課程，就能以完美控制同時展現出速度來推起 12 公斤的壺鈴，真的令人印象深刻。」

總有一天你的速度會變快，但必須先學會維持最大張力的技術。

這不代表你應該待在那個以粉紅小啞鈴與芭樂偶像男團音樂聞名的娘砲健身俱樂部，做那種潮到爆的 10 秒 1 下訓練（抱歉，我無法找到更合適的形容詞）。你不需要刻意放慢動作速度，就如同你不需要刻意加快動作速度，只需要像體操選手一樣專注於繃緊全身，像史提夫·麥昆（Steve McQueen）一樣冷靜，你的身體會自然地展現出合適的動作速度。

如果你聽了以上的建議，別對自己一下一下越做越好感到驚訝，這是你本來就能做到的，這就是真正的力量為我們帶來的自信。

「動態張力不就像刹車一樣嗎？」

徒手戰士訓練法要求你在施展最大肌力時繃緊全身肌肉，這樣的要求讓人聯想到沖繩空手道剛柔流中的三戰型，在三戰型中，肌肉的相互拮抗提供了訓練阻力。

一般人的直覺反應是：「竟然要對抗自己的肌肉，那展現出來的肌力只會變弱，怎麼可能變強？」

這是錯的。動態出力中，像是武術中的出拳或腿後勾、腿前伸這類健美鍛鍊動作而言，這可能是對的，真的會使力量變弱。但是，在多關節肌力訓練動作中，例如單手伏地挺身、槍式深蹲等，這樣的法則並不適用。

在諸如腿後勾、腿前伸這樣的單關節動作中，主動肌／拮抗肌的關係相當簡單明瞭。股四頭肌出力時，腿後肌會產生阻礙；腿後肌收縮時，股四頭肌會產生阻礙。這類動作中，學會放鬆腿後肌，能讓股四頭肌展現更多力量（反之亦然）。舉重發展初期，有所謂的「肌肉控制」流派，這個流派的支持者嘗試做的，就是放鬆拮抗肌來增強主動肌肌力。而後出現的是複合肌力訓練動作，舉深蹲這個動作為例（無論使用的是槓鈴還是自身體重，兩者在人體力學上沒有差別），仔細觀察，股四頭肌與腿後肌群是為了站起這個目標動作而同時出力，股四頭肌負責伸直膝蓋，腿後肌群負責伸直髖關節。

健美訓練中的一項骯髒的小祕密是：要把肱二頭肌練壯，最佳方法之一就是健力式的寬握式臥推。你的肱二頭肌會在顱骨粉碎者這個動作中，對肱三頭肌造成阻力，但在臥推、單手伏地挺身這類動作中，肱二頭肌反而會幫助你的肱三頭肌、三角肌、胸大肌出力。在多關節、高阻力的鍛鍊動作中，拮抗肌通常能產生加乘作用，在久經歷練的運動員身上尤其明顯。換句話說，這時候「踩剎車」變成了「催引擎」。

在多關節、高阻力的鍛鍊動作中，「踩剎車」變成了「催引擎」。這是需要花時間精煉的高級技術。

所以說，好消息是你可以透過傳統上認為，會阻礙肌肉動作的拮抗肌主動肌同時出力的方式來增強肌力；壞消息則是，這是種高級技術，需要時間來砥礪磨練。如同放鬆拮抗肌來讓主動肌完全出力的技術，要適切的繃緊拮抗肌，來增強引體向上或伏地挺身的力量，這種技術一樣並非一蹴可幾。一開始可能會很掙扎，但隨著時間過去、經驗積累後，一切都會水到渠成。如果有那麼容易，大家早就都會了。

如同我的老朋友馬克席克（Maxick）在《藉由肌肉控制獲得至大肌力》（*Great Strength by Muscle Control*）一書中所寫的：「……重訓當下拉起槓鈴時，別在意那枝槓鈴（同樣的原則，也適用於槓鈴以外的阻力訓練）……訓練者的心思常常放在槓鈴或其他的負重物上，而不是將心思放在參與動作的肌肉上，他們把目標放在將負重高高舉起，至於負責完成這項任務的肌群，他們則毫不在意。因此，整個動作很大程度上受到負重物的控制，然而，許多應該要協同作用的肌群，不是在可能要出力時不出力，不然就是不必要的胡亂出力，阻止了其他肌群的出力。」

只有魯蛇才會不專注在肌群上亂舉亂練。

拳頭的力量

同志們！現在趴下，做 5 個伏地挺身！只要 5 下，但要做有挑戰性的版本，比如說懸空一隻腳或手臂。完成 5 下後，你應該可以再多擠出個 1-2 下，但最多也就這樣了。請以手掌完全著地的姿勢來做，而不是拳頭、前掌或指尖著地，如此一來，你會將徒手戰士發力原則使用的更好。

觀察第一組的難度，稍微休息一下。我們現在開始下一組，但有點不同：推起時，試著用指尖出力抓緊地板，掌心不需離地，只要抓緊地板看到指尖泛白即可。僅在推起時進行此操作，向下時不需要。可以試試看上推過程全程抓緊地板，或是只在最難出力的障礙點使用這項技巧，看看哪個效果比較好。

你很難不注意到：你的手臂像是注入了額外的能量，就好像你緊繃的前臂把一些血液注入肱三頭肌一樣，這正是實際發生的狀況。每當肌肉收縮的時候，它都在其周圍發出「神經力」，並增強了鄰近肌群的收縮力。

用力握拳試試看。

用力握緊，握到手指泛白！

注意到了嗎，你握得更緊時，前臂的張力會蔓延到上臂，甚至是肩膀或腋窩。

牢牢地抓緊地面，或槓鈴，可以增加你上半身每一處的發力。真正令人注目的是：握緊拳頭竟也可以增加下肢肌力！做個全蹲看看，在最低點暫停一秒鐘，然後站起來。多做幾次，記下站起時的努力程度。接著，這一次蹲下時，馬上握緊拳頭，你會發現深蹲變得更容易了！這項技術很快就能幫助你突破那個難到要命的單腿深蹲，或是槍式深蹲。

同理，腳趾也一樣可以增強腿部肌力，如同手指握緊可以增加上肢肌力一樣。當你下蹲時，以腳趾間抓緊地面，你會發現臀部收縮的力量變強了，蹲起來也變輕鬆了。

拳頭握緊、腳趾抓緊地面，這些技巧可以增強深蹲的力量。

意想不到的發力：
來自槍械教官的指示

你的雙手是靠「肌肉軟體」來彼此「連結」的。兩手間的動作會互相模仿，一手突然出力時，會使另一手的肌肉以 20% 的力量反射性的收縮。

這種交互反應現象使全世界的槍械教官誠惶誠恐，他們會警告你，在你準備好射擊以前，不要將手指放在板機上。如果你隨時將手指放在板機上，則另一手的任何動作（例如開啟手電筒或開門）都有可能誘發這種交互反應，使你的槍走火。

這種會給警察惹麻煩的反應，卻可以幫助你的肌力訓練。

做個小測試：用全力捏緊訓練夥伴的手。

放鬆後再做一次，但這一次，空在旁邊的另一隻手也要握緊拳頭。

用全力捏緊訓練夥伴的手。　　　　　　　　　　　　　　再做一次，這次握緊**空著**的另一隻手。

在單手伏地挺身這類單側上肢肌力訓練中到達障礙點時，另外一隻手用力握拳，或找任何物品用力握緊，握到手指泛白，這麼做可以激發你的肌力，並且使你通過障礙點。

在單側上肢肌力訓練中，遇到障礙點時，握緊空著的另一手來增加肌力。

在許多如空手道等剛流武術中，這個策略的效果發揮得很好。拳頭打到目標的那一刻，不動的那隻手就握緊。很難不注意到兩手之間就像是有一條「電源線」連結起來一般。

有力的腹肌＝有力的身體

「我所有的注意力、我所有的訓練、我所有的思想，都集中在我的腹部。」
──空手道家，大山倍達

繃緊腹肌，會增加身體其他肌肉的收縮強度。

幾個世紀以來，武術大師們都本能地領悟了這種現象，接下來你將親自體驗。
但請先別急著趴下來做伏地挺身來領會，很有可能你根本不知道怎麼正確的收
縮你的腹肌。

「捲腹世代」的人已經被深深的洗腦，認為鍛鍊腹肌時要用力縮小腹。大娘炮，
你應該使自己的核心緊實，並且充滿著壓縮腹內壓的能量，你應該要感覺到下
腹堅若礬石。縮小腹的時候，你的感覺又是如何呢？像個虛弱到快散架的選美
女王，滾去做美甲啦！

你必須先了解幾件事情。首先：肌肉收縮的方向是直線而不是曲線，因此，你的腹肌應該將你的胸骨與恥骨以一條直線連結起來，而不是像個凹進去的半圓。第二點，這個理由太無聊也太詭異，我不會再說第二次：縮小腹的時候，你的腹內壓（如果你堅持，可以稱呼它為「氣」）會往下掉。總之你必須知道：平坦如直線的腹肌才是有力的腹肌。

平坦如直線的腹肌才是有力的腹肌；
縮小腹只會讓你變弱。

只有學會使腹部平坦且有力你才能變得更強。跟著做以下的「背壓式捲腹」，會教你如何實現真正的有力腹肌。以平常捲腹的姿勢仰臥，膝蓋呈 90 度，雙腳腳掌踩實地面。現在，捲腹時你心裡想的不是用力捲起腹部，**而是用力將下背觸地**。我是從澳洲作家奇特・勞克林（Kit Laughlin）那裡擷取了這項技巧，這個技巧非常優秀，使捲腹這個動作成為十分有價值的鍛鍊動作。

當你將下背（空手道道帶的位置）往下壓的時候，有幾件神奇的事情會發生。你的腰椎會自然變圓，骨盆和上背會自然的離地，就像是有個大胖子在床墊中央蹦跳時，床墊的兩端會翹起來一樣。此時你將無法把上背抬高到之前做捲腹的高度，下背著地的時候，你也無法坐起來。

這種不尋常的操作會使髖屈肌無法出力，這意味著你親愛的小肚肚必須出更多的力。最後，背壓式捲腹將使你的腹肌收縮時呈一直線，而它們本該如此。

如果你將可捲起的瑜珈軟墊之類的東西放在下背部下方來訓練，背壓式捲腹的效果會更好，這可以使你透過更大的動作幅度（起始位置變高）來鍛鍊腹肌，且下壓時會更容易。

結論是，執行這個動作時，不用擔心腹肌會捲起來或人會坐起來，只需要集中精神並盡可能地將下背部往地面方向壓下即可。動作時將你的手掌放在腹部上，記下收縮的感覺，你應該要做到在各種情況下都能重現如此的腹肌收縮。如果你已經能做到了，請試試以下的肌力測試。

保持腹肌收緊與腹部平坦。
繃緊腹肌時不要縮小腹，也別讓肚子凸出。
繃緊時想像一下有人要打你一拳。

跟你的夥伴握手，你們兩人同時用全力握緊，請他記住你的握力有多強。稍微休息一下，之後再做一次，這次，夥伴做一樣的動作，而你在動作中加入腹肌捲起（縮小腹）這項操作。

保持腹肌收緊與腹部平坦，重現你在進行背壓式捲腹訓練時的感覺，然後再測試一次握力：這次收緊腹肌時不要縮小腹，也別讓肚子凸出，繃緊你的腹部，想像一下有人要打你一拳（也可以試試看真的打下去），此時你（更貼切地說，是你的夥伴）會留意到你的握力變大了

祝你強而有力！

將你的「後輪驅動系統」拉到高速檔

身經百戰的擂台選手大多沒有粗壯的手臂,他們很清楚,真正的打擊力量是源自於髖部。一位空手道大師甚至說過,擊打卷藁(makiwara)不是為了強化指節,而是為了鍛鍊髖部。拳擊教練兼 RKC 教官史帝夫‧巴克禮(Steve Baccari)曾對我說過,拳王泰森(Mike Tyson)的手臂直徑為 16 英寸,美國職業拳擊手何利菲德(Evander Holyfield)的手臂直徑為 15 英寸。以重達 73 公斤(160 磅),高 165 公分(5 尺 5 寸)的健美運動員來說,這個臂圍都算很粗的,但是你不得不同意,對於重量級的拳手來說,這個數字似乎相當一般。

然而,大多數人,甚至是職業運動員,都過度關注在手臂訓練上,卻絲毫不知道如何徵召他們身上最強而有力的肌群——臀部肌群。你必須掌握這項技能,因為在無法讓臀部肌群產生高張力的情況下,任何肌力鍛鍊或習武功法都不會奏效。

夾緊臀部能強化所有力量。

有一種好用的意象引導,是想像**用兩片屁股夾緊一枚硬幣**,雖然聽起來蠢蠢的,但很有效。

回到我們的握力測試,這次除了收縮腹肌以外,還要在捏爆朋友的手掌時用力夾緊屁股,你會展現更大的握力,我敢保證。

有一名體操運動員使用你剛剛學到的三種繃緊張力技術，十字支撐測試馬上就增加了 18 公斤（40 磅）的肌力。

以下節錄自：《繃緊的力量》（*The Power of Tension*），由布萊德・強森（Brad Johnson）於 2002 年時撰寫出版，經許可後轉載。

不久前，我發表了一份關於繃緊張力技巧對肌力表現影響的原始實驗結果。在帕維爾要我寫一篇文章後，我決定以更好的實驗設計和更精確的測量，來重做一次這個實驗。

我使用的測量動作是「十字支撐」，我站在體重計上，雙手同時向吊環施力下壓，以測量各種繃緊張力技術的排列組合下，我可以從體重計上移除的體重。動作為兩手放在吊環上、手肘打直，先做出完美的十字支撐動作後，再將兩臂向上約 20 度（此時身體比較像 Y 型而不是 T 型），這個角度增加了這項動作的槓桿劣勢，我相當確定我無法將身體完全抬起。以下是我測量的四種狀況：

1. **不使用下列三項繃緊張力技術，盡力將吊環向下壓**
2. **盡力握緊吊環**
3. **繃緊腹肌**
4. **夾緊臀部**

我將這四種狀況重複測驗了六次。第一種狀況（不使用任何技術）永遠是排在第一次測試，而後 2-4 種狀況進行排列組合。例如，第一次測驗使用 1、3、4，第二次測驗則是 1、3、4、2。每一次測驗時，我會一次加入一種繃緊張力技術，以讓我測量它們之間的累加效果。例如，第一次的測驗組合如下：

1. **不使用任何繃緊張力技術**
2. **盡力握緊吊環**

3. 盡力握緊吊環 + 繃緊腹肌
4. 盡力握緊吊環 + 繃緊腹肌 + 夾緊臀部

所有測試序列都用這種疊加技術的方式完成。我決定測試的序列共有六種，這樣我才能測到三種張力技術的所有排列組合。這讓我得以計算出三種張力技術對肌力的個別貢獻與累加貢獻，並且提供了我更多數據，以將實驗結果數據視覺化。

在任何技術情況下，我都會盡全力壓下吊環。我試著盡量只使用規定的繃緊張力技術，這並不容易，因為我已經習慣將所有繃緊張力技術全部一起使出來。我下壓的時間大約三秒鐘，下壓的同時盯著磅秤上的指針，儘管指針會晃動（晃動範圍為 1.8 到 2.7 公斤之間）但要找到中心點是很容易的。我會記錄重量，然後休息一分鐘，再進行下一種技術組合測試。我仔細觀察每個測試序列的第一個和最後一個技術條件組合的得分，以確保我不受疲勞的影響，我能確保在整個實驗中，第一個條件組合（什麼技術都沒用）和最後一個條件組合（三個技術一起用）的分數都差不多。

現在來說說好消息！透過同時使用三種繃緊張力技術，肌力平均能增加 18 公斤（40.33 磅），在有使用其他技術的情況下，各種技術分別能增加：手掌捏緊 3.8 公斤（8.5 磅）、腹肌繃緊 9 公斤（20 磅）、臀部夾緊 5 公斤（11 磅）。在所有的順序組合中，有兩個組合只使用一種繃緊張力技術。只使用一種技術時，個別能增加的平均肌力為，手掌捏緊 4.5 公斤（10 磅）、腹肌繃緊 13.5 公斤（30磅）、臀部夾緊 6 公斤（13.5 磅）。

結論是，我本來就知道這些繃緊張力技術會增加肌力，但我對它們能增加的幅度感到很驚訝。我認為，使用單個技術或組合各種技術能增加的肌力，很大程度上取決於測試動作與運動員本身。我很清楚我犯了一大堆的研究錯誤，但這個實驗的結果還是足以說服我繃緊張力的力量有多強大！！！

我希望這個實驗的結果是清楚明確的。如果對於實驗結果還有任何疑問，我很樂意在 dragondoor.com 論壇上回答關於此實驗的任何問題。

同志們！請專心注意本書所有的表現強化技巧！請閱讀、反覆練習，然後再讀一次、再反覆練習好幾次。發力的各項要點比個別運動重要得多。如果你跳過繃緊張力提升技術的練習，直接跳到後面的訓練動作，那你並不是在練習徒手戰士訓練動作，而是在浪費時間。如果你有注意力缺失障礙，是無法進行肌力訓練的。

「靜態重踩」：
利用地面壓力來達到
最大爆發力

空手道大師中山正敏曾說過：「作動力（motive power）是源自於支撐腳的發力，其原理如同噴射引擎……招式的關鍵是支撐腳與地面的反作用力，反作用力越大，動作速度就越快。」

做槍式深蹲時，專注在將腳掌往地面用力踩下去；做單手伏地挺身時，專注在將手掌往地面用力推下去，就像奧林匹克式舉重選手常說的那樣：想像一下，將地面踩下去。是的，就是「靜態重踩」。出於許多原因（物理、心理和生理），這麼做會驅動肌肉進行更強力的收縮。

我們進一步試試看，以單腳站立，想像腳掌越來越用力地壓入地面。換到單手伏地挺身的最高點，同樣想像手掌越來越用力地壓入地面。有感覺到張力穩定

上升了嗎？如果試著在這兩個動作的最低點也維持同樣的張力，你會像彈簧一樣彈跳起來。

手掌或腳掌像是要扎穿地面一樣，對地面施加最大的壓力。透過「靜態重踩」練習來努力感受最大壓力。

以整個手掌與腳掌來「重踩」，但重心放在跟部——跟骨與掌底。掌底指的是手掌底部偏向小指的那一點，這是武術中掌擊的擊打點，將重心放在這一點，會使手臂結構變得十分牢固，並且能啟動三頭肌和闊背肌。

在做單手伏地挺身的時候，還要將雙膝撐直，並將前腳掌用力扎向地面。你身體裡頭的任何部位都是有相互關聯的，肌群孤立是一種迷思。試試看吧，很有用的。

你身體裡頭的任何部位都是有相互關聯的，肌群孤立是一種迷思。

以下肢來說，足跟的壓力會催動你強大的後輪驅動系統動力。此技術不只是應用在靜態動作上，例如：舉重運動員會在上挺階段使用此技術。

闊背肌發力
以下壓夾緊你的肩胛骨：
空手道大師與
頂尖臥推選手的祕訣

聳肩與／或放鬆肩胛讓肩膀向前移動，不只會害你的肩膀受傷，也會減弱你的肌力——無論你做的是出拳、臥推或是伏地挺身，做出這個動作的時候，實際上是強制讓你的手臂與強大的軀幹肌群「斷開連結」。

中山正敏說過：「肩膀必須隨時下沉……如果肩膀浮起……身體側面的肌肉會放鬆，則力量無法集中。」大師這段話是在敘述出拳，但在單手伏地挺身中亦是同理。「髖、胸、肩、臂、腕和拳——都必須牢牢地連結在一起，並且所有的肌肉都必須充分出力。但若在出拳時抬肩，或是以抬肩引導身體動作，則無論手臂的肌肉如何用力，腋下周圍的肌肉都無法正確發力，如此一來拳勁將無法灌入而從目標上彈開。」

**聳肩或讓肩膀向前移動，
會讓手臂與強大的軀幹肌群「斷開連結」。**

注意單手伏地挺身動作中，正確的肩胛穩定收緊形式，如果是以站姿來調整，會形容成「向下向後收」。

許多頂尖的健力選手在臥推時，會將肩胛骨往板凳壓緊，肩胛下角對著腳掌方向，如此一來，他們不只推得更重，同時減少了肩關節受傷的機會。而你在使用自身體重訓練時也應該這樣做。

雖然讓肩膀用力並全力往前推似乎非常自然，但這正是導致練不上去和肩膀受傷的原因。「出拳時（單手伏地挺身亦同），盡量減少手臂與肩膀上方的張力，以維持最適合能量傳遞的路徑——收緊闊背肌和前鋸肌（附著在肋骨與肩胛骨內側的肌肉）以轉移壓力。」物理學博士／空手道教練萊斯特·英格伯（Lester Ingber）堅定地說道。換句話說，推動的力量應該來自腋下肌群，而不是肩關節。英格伯建議：「保持腋下夾緊，並且別讓肩膀過度僵硬，以免讓上肢肌力和軀幹這個力量與速度的來源脫節。」

推動的力量來自腋窩，而非肩膀。

儘管現在聽起來有點違反直覺，但是一旦你掌握了力量的來源是腋下肌群的概念，你會敲著自己的腦袋想著，為什麼我之前不這麼做呢。相信我，這麼做會讓你的單手伏地挺身、出拳和臥推突飛猛進。

「螺旋勁」： 空手道正拳的另一項祕訣

「拳頭（空手道正拳）的旋轉動作有助於穩定正確的軌跡。」中山正敏說道。「其原理與槍膛中的膛線相同。如果沒有膛線，子彈在經過槍膛時，會胡亂滾動而導致其偏離應有的彈道。有了膛線，子彈會順著固定方向旋轉，並沿著應有的彈道射出……出拳時前臂的旋轉可以集中並釋放最大力量。這是真的，因為旋轉會導致出拳時應該參與的所有肌肉瞬間繃緊。」

有膛線的槍枝比無膛線的好。

旋轉，或者說扭力，幾乎可以在任何動作中增加穩定性和力量。

這就是螺旋勁概念的本質。在美國海軍陸戰隊武術訓練中，抓握來福槍時，兩手以相同的力量、相反的方向扭緊──順時針與逆時針，在刺刀戰鬥時會產生巨大影響。這會使刺槍術的威力更強大、準確度更高，肌力訓練時亦是如此。以下提供一系列的技術練習，教你如何操作。

找根木棍握在身前，像是在做板凳臥推時那樣。

看到這裡，你應該已經不會聳肩或是
讓肩膀往前跑了。

兩手用力將木棍往下折，就像是你要膝
撞把它撞斷那樣。

你應該感覺到你的腋下、闊背肌和胸大肌繃得很緊。此時你的手肘會稍微往身
體的方向移動，而你的肩膀會遠離你的耳朵。頂尖的臥推選手會在槓鈴離開胸
膛的一瞬間繃緊闊背肌，螺旋勁技術就是快速掌握這個困難技能的捷徑。

如果你身邊沒有木棍可以用，請將雙臂在身前平舉，並且盡可能地將它們由內
往外扭轉。

由內而外的螺旋勁：右手是順時針方向，左手是逆時針方向。

想像一下，你要把手臂擰進肩窩內，此時你會感覺到從腋下旋向拳頭的張力。

值得留意的是，空手道正拳，旋轉是由外而內；伏地挺身（或臥推、掌擊），旋轉則是由內而外。也就是說，右上臂應該順時針轉動，左上臂應該逆時針轉動。你的手臂像是擰進肩窩裡，這樣的肱骨外旋動作，能夠展現更強的力量。

這次，將螺旋勁的概念帶進握力測試裡試試看。

然後，兩手撐地，做幾個標準雙手伏地挺身。以指尖用力抓緊地面，確保雙掌
牢固不動，並使出剛剛在木棍練習中學會的螺旋勁技術。

你有感受到無形的勁力從腋下盤繞而出嗎？這次推起時是否覺得毫不費力呢？

再做一次，手掌不能有任何位移，肩部會自然旋緊。

手掌不能有任何位移，肩部會自然旋緊。

你的手指要牢牢抓緊地面，但手掌不能有任何位移，你會發現伏地挺身變得非常容易，你的身體會像彈簧一樣被快速推起，你會感受到一股「勁」從腋下盤繞到手掌。

繃緊全身：腕力比賽的戰術，能讓你的肌力瞬間提升 20%

像樣的腕力選手會在裁判大喊「開始！」之前，就讓全身肌肉繃緊備戰，頂尖的腕力選手甚至會在握住對手的手掌前，就預先繃緊身體肌肉，業餘的菜鳥則是等裁判喊開始之後才啟動他的二頭肌，此時他的手掌早就被對手釘在桌面上了，而他對於發生了什麼事毫無頭緒。

根據增強式訓練（Plyometric Training）之父，俄羅斯運動科學家尤里・佛科軒斯基（Yuri Verkhoshansky）的說法，在向心收縮動作之前，預先將肌肉等長收縮，可以使你的肌力表現增加20%。等一下你就知道這是什麼意思了。

開始動作前，預先將肌肉用力繃緊，可以使你的肌力表現提升高達 20%。

做 5 下伏地挺身，每一下都在胸膛觸地時刻意完全放鬆身體，是否有留意到如果每次要挺身起來前，都需要重新繃緊身體，會讓這 5 下做起來多困難？然後再做 5 下，這次在挺身起來之前先用全力繃緊全身，你會發現跟剛才相比有力多了。

試著以放鬆趴平在地的起始條件下，挑戰單手伏地挺身或其他有挑戰性的伏地挺身版本，你很有可能會失敗。然後，現在在挺身起來之前，預先繃緊全身，你會發現你成功了。

在發力動作之前預先將肌肉張力提高，可以提升肌力表現。對抗阻力時，要像抗擊打一樣，在被打擊以前預先繃緊全身。

要領是在阻力施加在身上之前就做好準備繃緊全身；阻力上身時才繃緊，為時已晚。魔術師胡迪尼（Harry Houdini）可以在做好準備的狀況下，承受任何人對他腹部的拳擊，但胡迪尼的死因，是在未做好準備的情況下，遭人毆打腹部。

靜態啟動的鍛鍊，如同方才所述的伏地挺身版本，非常適合讓你學會如何繃緊全身，尤其能夠針對你的弱點。因為可以消除掉牽張反射帶來的助力，所以靜態啟動對肌肉來說，是極大的挑戰，應用在伏地挺身或其他訓練時更能強化肌力。

因此，一旦你練到可以執行靜態啟動訓練了，一定要在你的訓練課表裡大量使用它。做單手伏地挺身時，請在胸口觸地時完全放鬆，然後繃緊全身再挺身起來。做槍式深蹲時，請在屁股觸地時完全放鬆，而後再發力站起。享受這麼做帶來的痛苦吧！

「鐵布衫」——
教導繃緊技術時的嚴厲關愛

以下是能夠快速學會繃緊身體技巧的方法，但過程相當辛苦。

美軍海軍陸戰隊的武術訓練，會不停反覆練習「鐵布衫」，或稱之為「身體多肉部位的控制力度抗擊打訓練」，這可以使海軍陸戰隊隊員適應嚴酷的近身搏擊，蘇聯特種部隊也是這麼做的。在美國的電視錄影畫面中，你偶爾可以看到俄羅斯突擊隊透過收緊斜方肌、以及如同準備肚子要被踢一腳般繃緊身體，將一塊 2 英吋乘 4 英吋的磚塊打破。我們也將這種技術應用在教學上，讓學員學會繃緊軀幹肌肉以承重或防衛。

採行一個缺乏張力的姿勢，可以從伏地挺身或深蹲的最高點開始嘗試。

找一個夥伴，用拳頭、手刀或腳背敲打你的肌肉。從標準雙手伏地挺身開始嘗試會是不錯的方法。擊打的力量不應該是擊倒等級的。如果你身體繃緊，這樣的擊打不該在你身上造成傷害或瘀血。當然要注意不能打擊到脊椎、肌肉較薄處，或是頭部以及其他脆弱區域。

如果你無法以單腳直立支撐，那是因為髖外展肌群（大腿最外側肌群）無力所造成的。

你的夥伴要擊打你全身可擊打的部位，從小腿肚到頸部的肌肉部分。他要在你比較難做到肌肉收縮的部位多打幾下，例如，如果你無法以單腳直立支撐，那是因為髖外展肌群（大腿最外側肌群）無力所造成的，那麼要在屁股外側多踢幾下，但小心別踢到股骨大轉子，那裡的肌肉很薄。

單手伏地挺身時，應該額外關注的區域是腋下（也就是胸大肌與闊背肌）以及腹肌。

單腳深蹲時，側腹肌、臀肌以及大腿上的所有肌肉，都應該多得到一點嚴厲的關愛。

所以，找個夥伴來對你實施這種療法（他會很開心的），你很快就會弄懂要如何繃緊這些肌群了。

在肌肉上施加有控制力道的擊打，可以教會你如何繃緊它們。

比繃緊更進階的技巧：「鎖緊」

繃緊身體練習到極致後的最高境界，稱為「鎖緊」，這會使你的預先繃緊技巧提升到完全不同的水準，但需要極好的身體掌控。如果你沒辦法在第一時間理解，請先練習幾個月，再來重讀這一段。

先來到靜態繃緊動作：單手伏地挺身的最高點，或單腳深蹲的最高點。
收緊你的股四頭肌來將你的膝蓋骨拉高。現在，集中精神，像百葉窗一樣將股四頭肌拉高，拉進你的腹股溝。

接下來，將同樣的動作施行在大腿的其他部分：內側、外側、腿後，就像雙手緊抓膝蓋上方的大腿肉，掐緊肌肉並慢慢將所有的大腿肌肉向上拉進腹股溝。想像一下，將你的大腿骨也拉進你的髖臼。

試著感受「鎖緊」的感覺，這個做法非常有效，你會覺得大腿肌肉變短、變硬，並且就像縮回髖關節內。

收縮臀肌，就像用兩片屁股「夾緊一枚硬幣」一樣。

現在來到了軀幹，腰部位置。**縮緊圍繞腰部的肌肉（腹直肌、側腹肌、以及所有連接到肋骨的肌肉），記得在此同時要維持腹部平坦如直線。** 如果做對了，你的肋廓下緣會往內縮，而且肚子會保持平坦而不內縮。**將你的肚腹肌肉從肋骨到骨盆用力拉緊就對了。** 呼吸肌群收縮時，以短吸短吐的方式換氣，不要憋氣。

上述的指示是用於伏地挺身和深蹲。接下來的指示，僅適用於伏地挺身。

收縮胸肌與闊背肌，用力收縮它們，你的肩膀會被往下拉，遠離你的耳朵。
B.K.S. 瑜伽大師艾揚格（Iyengar）說：「斜方肌歸屬於上背部，而不是頸部」。
接下來，**進一步收緊腋下肌群，它們會將你的肩膀拉進身體裡。**

伏地挺身時，要特別專注在鎖緊拉長的胸肌與肱二頭肌。

將你堅實的雙臂拉進肩窩內。

如果先前講螺旋勁時你已經弄懂了，請由內而外「將肩膀擰進肩窩」，右手順時針，左手逆時針。

將肱二頭肌與肱三頭肌縮進三角肌內，這跟剛才在大腿肌做的「百葉窗」操作一樣。

現在來到前臂，**以手肘當作前臂肌肉的「集合點」，將你的橈尺骨拉進手肘。**

鎖緊！現在你已經達到了非常強力猛烈的狀態。如果沒有成功的話，請持續練習。

這些細節雖然看起來很惱人，但是這是增長肌力的唯一合法捷徑。

鎖緊拉長的肌肉十分困難，但如果這很容易的話，不用教就會了。

如果你已經精通鎖緊的技巧，請試著在靜態啟動的動作中使用。

鎖緊拉長的肌肉十分困難，但如果這很容易的話，不用教就會了。

伏地挺身時，要特別專注在鎖緊拉長的胸肌與肱二頭肌，此時推起，你會像彈簧一樣迅速挺身。

在靜態啟動下練習鎖緊，但別忘了在最簡單的靜態支撐下持續鍛鍊。

拉緊就有力量

打出一連串的空手道拳，同時觀察每次出拳時身體感受到的阻力。萊斯特·英格伯博士在他名留青史的著作《空手道肌動學與動力學》（*Karate Kinematics and Dynamics*）中寫道：「壓縮肌肉產生的勁力可被回收利用，從而協助下個招式的出招，就像彈簧與彈力球那樣。」

肌力訓練也能應用相同原理。一旦你鎖緊全身肌肉，便明顯已在肌肉內儲存了可觀的彈力位能。你會發現有趣的是，即使你不觸地反彈，這樣的能量也能被回收利用，我們來看看這是如何做到的。

做任何動作時，並不是被重力往下拉，而是由你自己在保持全身緊繃的狀態下，主動把自己的身體往下拉。伏地挺身時，用你的闊背肌和其他背部肌肉將身體往下拉，別忘了在往下的過程中，那股由內到外的螺旋勁。深蹲時，以髖屈肌（大腿最上方的肌肉，能像摺疊刀一樣將髖部屈起）將身體下拉。此時你已集中的肌肉，會像是被拉緊的彈力繩一般。

做任何動作時，並不是被重力往下拉，而是由你自己在保持全身緊繃的狀態下，主動把自己的身體往下拉。想像一下你已集中的肌肉，像被拉緊的彈力繩一般。

有裝健力冠軍傑克·瑞普（Jack Reape）在 Dragondoor.com 論壇上建議了一種有效的招式，教你如何在深蹲時感受到主動下拉，即「反向深蹲」。「在頸後位置抓著滑輪下拉桿，然後下蹲屈身，這樣會對你的腹肌和穩定肌群有所幫助。」可以試著在單腳深蹲時，使用一條吊在引體向上桿上的彈力繩，效果是相同的。

要在伏地挺身時，更深入了解這樣的主動下拉概念，可以嘗試第八章 Q&A 中介紹的毛巾划船，或是「反向伏地挺身」。仰躺在安全靜置的槓鈴下方，身體保持伸直，將你的胸膛拉向槓鈴，此時腳掌放在地面上。用力撐開胸肌，以划船的動作將自己拉向槓鈴。記住身體的感覺，在伏地挺身的下降階段試著重現相同的拉動感。專注在胸大肌的伸展，這將有助於你反彈向上。

RKC 教官約翰·杜卡內（John Du Cane）在他的「氣功祕訣」（*Qigong Secrets*）電子報（可在 dragondoor.com 上找到）中提到：「內家拳武術家終其一生，都在領悟要如何透過像螺旋彈簧一般刻意扭轉身體，來將勁力儲存在肌肉內。這樣盤繞旋緊的姿勢，可以維持很長的時間，隨時準備在過渡動作或爆發動作中發勁。鐵布衫氣功使用了同樣的技術，十八羅漢掌和五禽戲也是如此。」徒手戰士的肌力訓練祕訣，早已存在於世。

CHAPTER

4

呼吸法：武術大師強大的祕訣

李小龍稱之爲：「呼吸勁」

強力吸氣

「壓縮，而非吐氣」：太極大師揭開呼吸法的神祕面紗

反向呼吸法：鐵布衫功法的演變

核心發力，或稱「丹田」發力

 警告！高壓呼吸法對於患有高血壓、心臟病、或其他健康狀況的人有一定程度之危險！若你有上述疾患，開始練習前請先諮詢醫生。

李小龍稱之為：「呼吸勁」

「肺為氣之所藏，而氣能御力。欲練力者必先練氣」
——少林武僧，瑞明（1692）

李小龍曾經說過：武術中多數時候是仰賴「呼吸勁」而非「體勁」。提升呼吸強度的確能使肌力激增。奇怪的是，大多數西式肌力訓練體系都忽略了呼吸型態與腹腔內壓（intraabdominal pressure，IAP）的強大影響。然而，採用壓縮式呼吸、或稱強力呼吸，是增加肌力最有效的方法之一。

想像一下你的大腦是 CD 撥放器主機，而你的肌肉是喇叭，那麼哪裡會是擴大器呢？是肚子。腹腔內有特殊的受體，能感測腹腔內壓並且充當「音量控制旋鈕」，當腹腔內壓降低時，全身肌肉的張力都會下降。在我另一本關於伸展的著作中，有解釋要如何利用這個現象，在一夜之間顯著提升柔軟度。

另一方面，腹腔內壓提升時，你的神經系統會受到刺激，此時連結到肌肉的神經成了傳導大腦指令的超導體。所以，透過提高腹腔內壓這個音量旋鈕，你將自動在任何訓練動作中，獲得全身性的顯著成長。

你的核心肌群越強壯，
最大化腹腔內壓的技術越熟練，你就會越強壯。

如果你有心臟病、高血壓、疝氣或其他健康狀況，練習呼吸法前需要尋求醫療諮詢。如果你十分健康，可以練習呼吸法，那麼強力呼吸法將會是你這一生能學會最好的事情，沒有之一。

為了確保我們清楚理解這個名詞的定義，**呼吸法指的是一種呼吸方法，可以最大化腹腔內壓，從而提升肌力。**

強力吸氣

注意到了嗎，我們用的術語是「腹腔」內壓而非「胸腔」內壓。提升你的顱內壓或胸腔內壓毫無好處，我們要提升的是腹腔內的壓力！

我們要提升的是腹腔內的壓力，而不是顱內壓或胸腔內壓。

腹式呼吸是大多數西方人一生無法觸及的技能，尤其是那些總是聳肩擴胸呼吸、核心無力的人們。

先放下自尊吧。肩膀放鬆，將氣與力吸進肚子。

但這不代表你應該鬆垮垮的，收下巴挺直頸椎，維持脊椎中立。

肩膀下沉。以下練習能幫得上忙：站直，兩臂垂在身體兩側，盡可能地用指尖向下延伸，**彷彿要觸到地**，但不屈體。**收緊腋下肌群，以將肩膀下沉，遠離耳朵**。然後放鬆休息一下，現在你的肩膀狀態應該已經比剛才好了。

現在想像一下，有條繩子綁住你的頭，並且繩子正在向上拉緊，肩膀不能向上聳起。大山倍達強調過：「將脖子往上伸展，而非往前伸」

習慣性聳肩擴胸呼吸會讓你核心無力。

別鬆垮垮的。

夾緊腋下，讓兩肩向下
移動，遠離耳朵。

兩肩下沉，將氣與力
都吸進肚子內。

頸部往上伸展，並
保持脊椎中立。

以下提供另一種練習：脫下你的鞋子，且全背貼地躺平。

將一隻鞋子放在肚子上，另一隻鞋放在胸膛上（放槓片，壺鈴或請訓練夥伴坐在你身上也是可行的替代方案。），練習透過鼻子進行腹式呼吸，直到只有肚子上的那隻鞋子會上下移動為止（胸膛上的那隻鞋必須完全不動），牢記這種感覺。

什麼是腹式呼吸呢？技術上來說，空氣是無法吸進肚子的，因為肺臟在橫膈之上。但是肺部能透過使用不同的肌群來擴張。你當然可以透過聳肩來吸氣，但這一點都沒用。你可以透過擴張肋骨來吸氣，雖然比聳肩好一點，但仍不是最佳選項。或者，你可以透過肚子突出來吸氣。

注意囉，我要向你介紹一條對提升肌力至關重要的肌肉，這在健美雜誌或肌力訓練書籍中幾乎從未提及。或許是因為這條肌肉從外面看不到，並且也沒有辦法拿來把妹。

這條神祕的肌肉叫做橫膈膜（橫膈肌，diaphragm），它那降落傘形狀的構造，將你的肺臟和其他內臟隔開。橫膈肌收縮時，它會往下推，同時有兩件事會發生。第一是你的肺臟也會被往下拉，從而在肺部內產生負壓，新鮮空氣就會進入。第二是你的內臟會被往下壓並且移動，你的肚子會凸出來（除非你在此時繃緊腹肌）。所以說，所謂的腹式呼吸，確切來說是橫膈式呼吸。

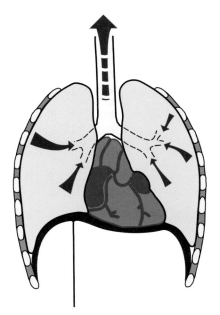 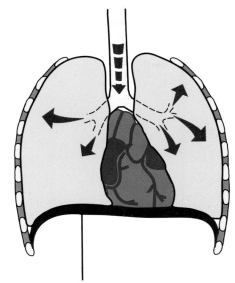

橫隔膜（Diaphragm）
橫膈膜放鬆時，空氣離開肺臟，
腹腔擴大，內臟向上移動並擴
張，同時腹腔舒張。

橫隔膜（Diaphragm）
橫膈膜收縮時，空氣進入肺臟，
腹腔被壓縮，內臟被往下壓。

基於健康、紓壓、養氣等許多原因，腹式呼吸是件很棒的事。但上述這些原因
都與徒手戰士訓練法的唯一標的：也就是肌力毫無關聯。以下來談談為何橫膈
式呼吸對於肌力至關重要。

回想一下剛才的內容，在你的腹腔內有特殊的感應器，就像在測量「備胎」內
的壓力。當腹腔內壓上升時，你的肌力也會跟著上升。

橫膈膜的下壓對於提高腹腔內壓（IAP）至關重要。再回想一下剛才的內容，「吸
氣到肚子裡」的時候，那圓頂形的肌肉會向下壓並且擠壓內臟。若是吸氣到胸
部裡而橫膈膜不動，則會使胸腔內壓提升，並且此時整個腹腔是鬆軟的；如此
一來，提升的只有血壓，而肌力文風不動。所以說，同志們！吸氣到肚子裡吧！
吸氣時要以鼻子吸氣。養成這樣的習慣並不只是為了齒不露白而已。透過較小

的孔徑來吸入空氣，可以鍛鍊橫膈肌力，並且使腹腔內壓提升的效果更好。

觀察看看，以口吸入空氣，會在體內產生一種空洞、虛弱的感覺。現在試試看以鼻子吸氣，為了讓感受更強烈，將鼻子捏到半閉，然後再試一次。應該很難不注意到橫膈的強烈收縮，伴隨著舒適、強健的支撐感。

以鼻子吸氣，吸到肚子裡 ——你會變得更強壯。

「壓縮，而非吐氣」：
太極拳大師揭開
強力呼吸法的神祕面紗

關於強力呼吸法，你所要了解最重要的一點是：這不是單純的呼吸而已，一吸一吐之間，肺部內與大氣之間的氣體交換動作，都與肌力的提升息息相關。這實際上是腹腔內壓增強動作，或者說壓縮。無論吸氣、吐氣、或是閉氣，都會無意間附帶著腹腔的加壓。

傳統武術的世界裡常見的現象是雞同鴨講，也因為如此，在許多的流派中，學員要花費數年甚至數十年，才能掌握可能只要幾個月甚至幾周內就能掌握的概念。太極拳大師陳志成（William Chi-Cheng Chen，現居美國的楊式太極拳宗師）是個聞名的例外，他對於呼吸法有一段直切的論述：

「如果你出拳時呼氣，那這一拳勁力必定不強，因為你呼氣時就流失了力量……修練有道的武者不會在出拳時呼氣，因為他們知曉這會使他們失去力量，腹腔失去壓縮而使能量逸散……加壓時會發出聲音，這與呼氣是截然不同的，拳擊手出拳時你會聽到「嘶」「嘶」「嘶」的聲響，他們並不是在呼氣，而是在讓腹腔加壓。呼氣與加壓之間的不同之處在於，加壓時你需要緊閉聲門，此時孔徑會非常窄小……而你呼氣時聲門是放鬆的，空氣排出十分輕鬆。」

請別將上述誤解成一種告誡，而在出力時死憋著不敢吐氣！我們希望做到的是，讓一些空氣擠出閉合的聲門，就像通過壓力鍋中的洩氣閥一樣。但呼氣（或說是小小的氣爆）應該是加壓的附帶效果，而不是刻意為之！不同流派的武術家會發出各種奇怪的聲音，「嗨！」「呀！」「哇！」「哼哼哈兮！」等，**聲音並不是我們要追求的目標，無須刻意為之而能自然發出聲音，就代表加壓操作執行正確。**

CH 4 | 呼吸法：武術大師強大的祕訣

想像一下你的聲帶就像是噴氣軟管上的噴嘴。當你的聲帶放鬆時，空氣可以自由流出，這時就是被動的呼氣，就像大嘆一口氣一樣，但當聲帶緊閉時，又是完全不同的情況了，此時就像你用拇指塞住了軟管的末端，突然之間，幾乎沒有空氣可以溢出，伴隨著一些聲響，並且此時管內的壓力高到爆表。

上述的第一個情況是：聲門／噴嘴敞開，空氣可以自由的流動，這是陳大師所說的呼氣。第二個情況是：聲門緊閉，即是加壓。你懂我的意思嗎？

最最重要的是，呼吸的型態並不若加壓或 IAP 重要。在俄羅斯的一項研究中，比較了受試者在三種不同呼吸階段的肌力：吸氣、閉氣、和呼氣。研究結果大大打臉了西方體育館的信仰，其中呼氣時的肌力得到最低分！吸氣時肌力竟比呼氣更大，而「閉氣組」則是大大超越其他兩組。

以上並不意味著閉氣是我們唯一能選擇的方法。一旦你理解強力呼吸法後，會發現有許多不同的方法可以將加壓最大化。重點是，不要專注在空氣流動或不流動，應專注在加壓。

不要專注在空氣流動或不流動，應專注在加壓。

反向呼吸法：
鐵布衫功法演變而來的技術

加壓呼吸時，可能會出現許多不同的聲音表現。我有位朋友是健力選手，他在各種項目中，有一整套不同的噪音搭配不同的動作：像是氣動的嘶嘶聲、機械感的嗡嗡聲、野獸般的咆嘯吼叫聲。他喜歡在硬舉時像野獸般吼叫、臥推時像機械發出嗡嗡聲、練二頭彎舉時像氣體外洩一樣嘶響。

雖然聽起來很複雜，但其實並非如此。**只要腹部有受到加壓，那你在做的就是強力呼吸法**，你要怎麼做都隨便你，甚至不必在呼氣階段就能做到。

在我寫的其他肌力訓練書籍中，我有解釋過發出嘶聲版本的強力呼吸法，以及「意象強力呼吸法」（virtual power breathing），也就是假裝發出嘶嘶聲，但不讓空氣溢出。在本書中，我要教你另一種完全不同的加壓技術，也就是反向強力呼吸法，這是從傳統武術的反向吐納功法演變過來的。

以我過去身為教官的經驗，這是教人加壓技術最快的方法。為什麼呢？因為這相當類似你每天都要執行的身體功能：排便。原諒我用這個不是很舒服的類比，但是只要你能將已經會的舊技能轉化成新技能，學起來會快很多。

只要你能將已經會的技能轉化成新技能，學起來會快很多。

第一步，提肛。腹部用力加壓前，請事先收緊括約肌，並且夾緊骨盆底肌。「提肛」是許多武術流派的標準作業程序。出於健康與表現上的考量，這項奇怪的技術是非常重要的。

第二步，是在肛門夾緊的狀況下假裝要排便，要淡定不要笑出來。第一次嘗試時不要太用力，只要觀察身體的改變就好。你會感覺到內臟加壓，伴隨著腰部出現一種強大穩定的感覺，就像橫膈膜下錨般穩定住軀幹。此時你的腹部與側腹會輕微擴張。

很顯然的，如果你有未經醫療處理的疝氣，那請不要進行反向呼吸法練習。

側腹擴張是正常的，請不要刻意對抗這個現象，除非醫師囑咐過不要這麼做，基於多種原因，這可以增強你的肌力。但在此同時，請不要讓你的肚子向前凸出，讓它保持平坦如壁。回想一下，腹部的擴張是因為橫膈膜收縮下壓，使腹腔內臟位移而導致的。內臟總得移到某個地方，這個時候它們會往前面移動，使你看不到自己的鞋子，讓你的腹肌阻止他們向前位移。

站起來，腹肌收縮支撐好，將壓力往下放、沉下去、忍耐一下。**大山倍達強調過：「上腹不要凸出，將氣力往下送到腹股溝內。將氣壓縮向下、向下……如果你站著，氣要到腳底，如果你坐著，氣要經過臀部直穿地面。」**

將手放在腹部上感受，以確保腹部維持平坦。腹部出力──保持平坦但堅不可摧，像是有人要打你一拳。但請不要把強健的腹肌收縮後的凸出，誤認成我們不希望的腹部凸出！如果你的六塊肌練得很好，它們可能無論如何都會有些突起，收縮時會像肱二頭肌一樣隆起。

夾緊你的肛門括約肌。根據傳言，已故的剛柔流空手道大師山口先生，因為在三戰式動態練習中沒將肛門夾緊，產生了一些嚴重的痔瘡。健力界也有類似的恐怖故事。

夾緊並且忍著，將能量「鎖」在你的下腹內。當橫膈膜往下推動要推開腹腔內臟時，腹肌與其他腹壁肌群要將其圍住，彷彿是一條「隱形腰帶」。來做幾次背壓式捲腹，複習收縮腹肌，同時保持腹部平坦的技巧。

結論是：當橫膈膜往下擠或下壓時，請夾緊骨盆底肌，以受限的中段空間來維持上升的腹腔內壓。

繼續練習，並把反向強力呼吸法帶進握手握力測試中，你的訓練夥伴已經想逃跑了。

當腹部收縮收緊時，夾緊骨盆底肌，或者說「憋著」。

有注意到練習加壓技術時，你的呼吸狀況是怎麼樣嗎？可能不明顯，再試一次。發生了什麼呢？你呼氣伴隨著低吼嗎？或是短吸短吐呢？或是正在費力的吸氣呢？上述哪一項才是正確的呢？其實，全部都是正確的。請牢記陳志成大師的慧言：關鍵在於加壓本身，如何吸吐並不重要。關注在加壓上，吸吐動作是自然而然的。

但無論你如何呼吸，請記住兩項原則。第一，如果你選擇閉氣，閉氣的時間要在數秒以內，你可以用短吸短吐的方式，在保持核心緊繃穩定的同時，長時間的發力，例如某些靜態等長收縮，或動態等長收縮訓練動作。

第二，吸入的氣量應適中，太多或太少都不好。正如俄羅斯武術肌力及體能專家 V. N. Popenko 所言：「肺裡永遠不該有太多或太少的空氣。」過多的空氣會阻礙腹部肌肉的最大張力，而空氣量不足也是同等糟糕。空手道大師上地完文（Kanbun Uechi，1877-1948）曾警告過：「當你完全將氣吐盡的時候，弱點就出現了。」

東方武術大師一般認為，當肺中空氣量為最大容積的一半時，為最強的狀態。俄羅斯的研究發現，75%的最大容積，是肌力表現的理想選擇。但你無須擔心要吸到多少百分比，只要記住千萬別吸到最滿，或是吐到見底就對了。

千萬別吸氣到最滿，或吐氣到見底。

核心發力，或稱「丹田」發力

俄羅斯軍方徒手戰鬥教官，皆強調發力的兩項重要原則：「和諧」與「波動」。兩者都是指從身體核心發力，然後將力量動態傳遞到要擊出的肢段，在力量傳遞的途中，沿途的每條肌肉都會將力量放大。

如果力量傳遞路徑中的任何一條肌肉無法出力注入這一擊，就會出現「力量洩漏」（power leakage）。這是史蒂夫・巴卡迪（Steve Baccari，RKC，《出拳背後的發力機制》〔*Power Behind the Punch*〕影片的協同作者）所說的。當這種狀況發生時，你的力量就會如洩氣皮球一般。在做單手伏地挺身時，就如同在拳擊擂台上時，確實會發生這種狀況。

你要發力時，永遠都從繃緊下腹開始。然後向外發力，力量隨著往肢體末端移動而越放越大。

想像一下，你使用修改版本的反向呼吸法，其產生的壓力從軀幹傳遞到四肢，就好像是氣動或液壓動力那樣驅動。

想像一下，你的腿或手臂是一條細長的氣球，就是小丑拿來摺成動物給小朋友的那種。當你位於槍式深蹲或單手伏地挺身的最低點時，「氣球」是彎曲的，而後「吹氣」，此時氣球會彈回直線。

透過改良版的反向呼吸,將「氣」,或所謂腹部加壓的能量推入「氣球」中,
此時氣球會因壓力提升而變直。

進行槍式深蹲時,將加壓的能量一路從臀部到大腿向下導引到地面,
就像執行靜態重踩一樣。

執行單手伏地挺身時，將能量沿著側腹和肋骨傳遞到腋窩下，而後沿著手臂傳到掌底。

就像中山正敏說的那樣：「臀部發出的強大力量集中起來，並且像閃電一樣竄過胸部、肩膀、上臂和前臂，直到到達擊打的拳面上。」

做槍式深蹲時，請務必確保「氣球」的長度長到足以超過髖關節；做單手伏地挺身時，請務必確保這條勁力傳遞的路徑長過肩關節。若是只靠膝關節或肘關節的伸展，勁力是走不遠的。大部分的力量發自於靠近核心的部位：槍式深蹲的力量是由臀肌而來，伏地挺身則是來自胸肌與背肌。

想像一下，你的手臂或腿是起始於下腹的氣球。你在槍式深蹲或單手伏地挺身的最低點時，「氣球」會有兩個折點：分別在髖與膝、肩與肘部。將「氣」或者所謂腹部加壓的能量，透過改良版的反向呼吸，將其推入「氣球」中，此時氣球會因壓力提升而變直。

適當的呼吸，對發力而言非常非常重要，無論是在健身房的環境中，或是在拳擊擂台上。你會發現，有時候這是一種令人沮喪的學習歷程，不過一旦你最終學會了，你將會發現自己像是突然擁有了超能力。

已故的偉大先師大山倍達說過：「無法精通呼吸功法，在空手道中除了耍一些小花招外，你將一事無成。」肌力訓練亦同。

「無法精通呼吸功法，你將一事無成。」

帕維爾徒手戰士訓練法

CHAPTER
5

細談 GTG

「軌道潤滑訓練法」
(Grease The Groove)
的五項要點。

1. 專注（Focused）
2. 完美（Flawless）
3. 頻繁（Frequent）
4. 活力（Fresh）
5. 變動（Fluctuating）

細談 GTG：專注

踢拳競技的傳奇人物比爾・華萊士（Bill Wallace）因為在早年的柔道競技中右膝受傷，在踢拳競技裡他只能使用左腳踢擊，所以他那隻「超級左腳」代償了受傷右腳的踢擊，踢出了兩倍的份量。他比別人少了一個武器，於是他將剩下的武器練到遠遠強於對手，至於結果，就不必贅述了。

你練習的項目越少，就會更專精。

「軌道潤滑」這件事情，基本上依循叢林法則，也就是動作之間會互相競爭。你練習的動作越少，就會更專精。

通常我們會建議不要同時以 GTG 練習超過兩個無關聯的訓練動作。如果你在 GTG 之外真的還要做其他動作，建議以較低的訓練量和頻率，用更傳統的方式執行。

細談 GTG：完美

練習過程必須以完美的動作來進行。進行最大肌力訓練時，完美這個詞，除了指動作型態必須嚴謹之外，還意味著高肌肉張力。羅伯特・羅曼（Robert Roman）等俄羅斯專家的研究明確地指出，提高肌力的關鍵，是提升肌肉張力，而非高反覆或高疲勞。

練習過程必須以完美的動作來進行。
最大肌力訓練中，完美一詞意味著高肌肉張力。

真正的高肌肉張力需要五個條件：夠重的外部阻力、應用高張力技術，與強力呼吸法、每組反覆次數限制在 5 次以下、充足的組間休息時間，讓身體在下一組開始前恢復、訓練時以適當的慢速度進行。

考慮「夠重的外部阻力」時，不代表要一直頻繁的做最大重量的一下，這樣你很快就會精疲力竭。但最起碼應該要調整到「中高程度」的阻力。

單組反覆次數要減少，亦是為了將肌肉張力最大化。肌力訓練研究者們已毫無懷疑的確信，當反覆次數限制在 5 次以下時，能增長最多「純粹肌力」（pure strength）。肌力是一種技巧，若是技巧，就必須用特定的方式來練習，低反覆次數，正是最大肌力的特定練習方式。如果你的目標是單手伏地挺身，那就不要一直練標準伏地挺身，還不斷增加反覆次數。如果你的目標是單腳深蹲或槍式深蹲，那就別一直練徒手深蹲。我在《Power to the People!》書中有詳細解釋過為何是如此，但這些不證自明的觀點，其實根本無須解釋。

低反覆次數，正是最大肌力的特定訓練方式

細談 GTG：頻繁

「……任何擁有一年以上重量訓練經驗的人，根本沒有理由無法執行『自身體重上膊與標準肩推』 查爾斯‧史密斯（Charles A. Smith）在 1947 年發行的《鐵人》（*Ironman*）雜誌中提到過。我不用說你也知道，在今天，縱使在很「硬派風格」的健身房中，要找到能不借力二頭彎舉自身體重的人，遠比找一個能夠執行自身體重標準肩推的人要容易太多了。

史密斯接著寫道：「肩推的紀錄能達到如此令人驚嘆的高度，是因為人們在肩推上大量使用了專項化的訓練。『俄羅斯冠軍』諾瓦克每天都練肩推，『美國冠軍』戴維斯……要讓肩推強到爆唯一的祕訣，就是每次有機會走近槓鈴時就練肩推、不斷地肩推，然後再肩推。事實上，肩推的紀錄保持者們，他們的訓練課表真的就是這樣操作，來不停打破自己的紀錄。

練得越頻繁，就練得越好。

這概念是很基本的，沃森（Watson）說過，在避免過度疲勞與過度訓練的前提下，同一個動作你練得越多，就練得越好。在德國的一項研究中，練一天休一天的訓練頻率，在肌力增長上，只能得到每天都練的 80％，而每周只練一次的訓練頻率僅能獲得 40％。這不代表你一定不能降低訓練頻率，只是這樣一來，肌力的增長會比較少。

不過，一週休息一天會是個好主意，這可以讓你保持活力。另外，就寢前幾個小時內別做肌力訓練，也是我們會建議的，因為這具有補益作用。

細談 GTG：活力

在盡力而為的同時，也應充分休息保持活力。這是很好的平衡措施，但需要紀律來執行。練太少會減緩你的進步，但練太多以致於痠痛又虛弱，也會讓你退步。傾聽你的身體吧，如果身體已經發出警訊，這時候寧可少練一點，也不要狂操猛練害自己失去活力。

讓自己在精力充足的狀態下練習，並且在動作技術開始退步以前停下來，換句話說，在過度疲勞之前，就要停下來休息。

史帝夫・胡斯塔（Steve Justa，中西部大力士選手）在他的著作《岩石、生鐵，鋼鐵：肌力之書》（*Rock, Iron, Steel: The Book of Strength*）中提到：「請記得，你在訓練後，應該要覺得自己比訓練前更強壯，如果你在訓練後感覺自己變虛弱了，這表示你練過頭了。」如果你先前的訓練狀況，使你對這句話感到困惑，請跟著我唸：肌力是一種技能、肌力是一種技能，而技能最好在精力充沛的狀況下練習。

訓練後，應該要覺得自己比訓練前更強壯

保持活力是我們偏好低反覆次數的另一個原因。與健美迷思不同的是，低反覆次數會更容易恢復。這意味著你可以更頻繁的練習，也意味著肌力增長更多。

查爾斯·麥克馬洪（Charles MacMahon）在其 1925 年的著作《通往健康與強壯的坦途》（*The Royal Road to Health and Strength*）中回憶道：「有一次我進入了大馬戲團表演者的大帳篷，與一位非常著名的空中飛人聊天，就在他即將上場表演前，他走到附近的吊環，以右手的食指與中指勾住吊環，然後做了 2 下單手引體向上，隨後他換左手做了同樣的事情。他所做的是自己表演前的「熱身」，他告訴我，除了學習新的特技之外，這是他在上場表演之外唯一會做的鍛鍊動作。大家都知道，單手引體向上 1 下比起連續雙手引體向上 25 次需要更多肌力。有趣的事情是，單手引體向上帶來的疲勞會少很多。表演者們知道這一點，這就是為何他只做 2 下單手引體向上來熱身的原因，藉此保存時間與精力。

低反覆次數會更容易恢復，更容易恢復意味著能更頻繁的練習，能更頻繁的練習意味著更多的肌力增長。

千萬別硬操肌肉到力竭，最好連接近力竭都不要。這樣馬力催到最大的訓練，會使你的恢復時間增加很多，從而降低你的訓練頻率。避免力竭這件事還有許多的原因，你練什麼就會學到什麼，既然如此，為何要讓自己練到失敗？你應該要練到成功！我在《Power to the People!》一書中詳細介紹了練到力竭的缺點，你會想知道嗎？

絕對不要練到力竭。

大多數時間要保留一半的反覆次數。偶爾可以多一點或少一點，但應該在力竭前 2 下停止。

在訓練頻率與保持活力之間維持平衡，不是一件容易的事。增加訓練量與訓練頻率的同時，需要傾聽你的身體以及保持耐心。不要太倉促的加入每小時做一組的訓練量，先從一天做一兩組的輕鬆訓練量開始，維持幾週後，隔日多增加一組的訓練量，接著每天開始執行三組，以此類推慢慢往上加。你懂了吧：羅馬不是一天造成的。最終，你的身體將可吃下極大的訓練量——但這絕非一蹴可幾。

絕對不要練到力竭。

細談 GTG：變動

為了真正精通某些動作，你必須進行專項練習。

另一方面，如果一直持續做同樣的訓練，你終將會遇到高原期。

因此，有效的訓練必須相同而又不同！這是來自禪宗祖師的難題。

那麼公案紀錄（禪宗術語）中的開悟是什麼呢？

「相同卻又不同」的訓練

答案是練習同一種鍛鍊動作的變化版本。這會更有效、更有趣、並且更可以避免過度使用的運動傷害。

變動組數、反覆次數、保持接近力竭等，目的都是為了讓訓練「相同卻又不同」，以達成持續進步。俄羅斯的壯漢們時常堅守這種他們稱為「負重波動」（waviness of load）的方法。

最好是今天總共做 10 下、明天 30 下、後天 20 下，這樣比每天都固定練 20 下還好。

兩位經驗老道的硬漢，特種部隊老兵尼克‧奈卜勒與戴夫‧沃爾納，在他們位於西雅圖的訓練機構中鍛鍊，兩位都是 RKC 教官。照片由 CrossFitNorth.com 提供。

海軍陸戰隊老兵，RKC 教官尼克・奈卜勒（Nick Nibler），與他在 CrossFitNorth.com 上的「受害者」們採用「相同卻又不同」的訓練法而訓練有成。（CrossFitNorth.com 為尼克・奈卜勒與另一名海豹突擊隊老兵，同時也是 RKC 教官的戴夫・沃爾納〔Dave Werner〕共同經營的一間位於西雅圖的私人訓練機構）他們在網站上寫道：

「我真心想要把引體向上練到極致……但我並不想因過度訓練而遭受運動傷害，也不希望毫無意識的增加組數與次數，然後很快的把訓練變成一種負擔，所以我決定在課表中加入一點小變化。現在我幾乎每天都練引體向上，但我盡可能的不以同樣的方式連續訓練，我在訓練中盡可能的增加變化。比如說某一天我會以壺鈴負重來做引體向上、第二天僅使用自身體重、有時候會以腳踩槓鈴袖套的方式，來做有輔助的高反覆引體向上。」

有注意到這兩位硬漢同時混合了純肌力與肌耐力訓練嗎？如果你兩者都需要的話，可以這麼做。但如果你的目標是純肌力，那麼要將單組反覆次數控制在 1 到 5 下的範圍內。記住：「不同卻又相同」。

「訓練強度每天都會變化。有時我會設定每組的強度要剛好在最後一下勉強保持完美動作，其他日子我可能會將組數減少，並且只做 50-70％的強度。階梯式的安排也不錯，這對改變體內代謝環境非常有效，例如有些時候我會盡可能的拉長組間休息時間，甚至將訓練組數打散在一整天的時間裡。這樣的混合式訓練，在某些日子裡，引體向上是短時間循環訓練中的一小部分，這時我會盡可能在最短時間內練完引體向上。每天有點小變化的另一種方法，是變更使用器材：使用穩固的引體向上桿來練、使用不穩定會搖晃的引體向上桿來練、使用吊環來練、兩手抓住一根懸垂繩來練、兩手各抓一根懸垂繩來練。如果身體需要步調上的大變化，那我會不練引體向上，改成使用 Concept 2 的風扇划船機來練幾天，在這種偶爾轉換跑道的動態休息日，換個方向來做拉的動作非常有益，我時常會在使用划船機動態休息幾天後，發現我在某些方面的表現有所提升。我的工作行程表與社會義務，使我的休息時間很不固定，所以我並不需要刻意去安排休息日，而這樣的休息間隔，似乎也恰好在適當的時間點出現。」

「這樣的訓練方法對我來說非常有效益。我的身體永遠不知道接下來會發生什麼事,而我的身體似乎很快就適應了突如其來的各種訓練負荷。這樣的課表安排法一點都不會乏味,想出我每天要專注執行的動作變化版本,讓訓練變成了一場有趣的遊戲。至於引體向上這個動作,我從來沒辦法在同樣時間內練這麼多過。」

這位經驗老道的硬漢,其說法值得參考。

想適當的變動負荷,需要知道何時該減量:像是當疲勞開始累積時、或是你準備要測試新的個人紀錄時。

疲勞開始累積時、或是你準備要測試新的個人紀錄時,請減少訓練量。

肌力訓練和力量展示並不是同一回事,每次訓練都要打破個人紀錄的想法,不過是個童話。嘗試測試個人紀錄的頻率越低越好,對初學者來說,每兩周測試一次是個不錯的指導方針,對經驗豐富的力量型運動員來說,每兩個月測驗一次會更適合。真正的菁英運動員,一年內應該只測試幾次個人紀錄即可。

你應該要為測試個人紀錄那天做好準備。有種簡單有效的減量法,是在測試前兩天或三天開始減量,並且在測試前一天完全休息。假設你可以做 24 公斤（53磅）壺鈴負重單腳深蹲 5RM:常態訓練日時,週二可能做 24 公斤 10 組 2 下、週三開始減量到 16 公斤 5 組 2 下、週四更輕鬆地使用 16 公斤 5 組 1 下,而且不要有離心階段,周五安排休息日。到了週六,你應該可以負重 36 公斤的壺鈴來單腳深蹲 6 至 7 下,這代表你在相同負重下,突破了 5 下的最大反覆次數,並且接著可以開始用 32 公斤的壺鈴來練了!

在最大肌力測試的前二或三天開始減量,並且在前一天完全休息。

如果你不小心過度訓練了，也請退階減量。如果你感覺到提不起勁、全身痠痛、虛弱等等，請將你的訓練量或每周總反覆次數減量到原先的一半，直到你恢復活力且提起勁後，再慢慢將訓練量加回去。這只是粗略的指引；若遇到嚴重的過度訓練，則需要採取更劇烈的手段。

嚴重的過度訓練，會伴隨著諸如局部過度使用的運動傷害，以及睡眠品質下滑等症狀，這是拒絕傾聽身體聲音的愚蠢後果，千萬別這麼做！

另一方面，偶爾輕微過度訓練，對經驗豐富的運動員來說，是種能化為順境的逆境。立陶宛有個俗諺：「蓋起大壩會使河更有力量」。

只要你的過度訓練還算輕微並且及時減量的話，應該會在減少訓練量後，馬上發現自己的肌力大幅增長。

一些經驗老道的力量型運動員對自己的身體覺知非常敏銳，他們會刻意將自己推升到輕微的過度訓練，而後逐漸減量，推往巔峰表現。我們不建議初學者故意嘗試過度訓練，要從過度訓練前的體能陡降中抽身相當困難。但如果你是初學者且不小心練過頭了，那你應該知道要怎麼做了。

「築起大壩會使河更有力量」，
經驗豐富的運動員會刻意進入輕微的過度訓練，
接著減量，來獲得可觀的肌力增長。

GTG 總結

● GTG 只用來練習單腳深蹲與單手伏地挺身。如果要同時做其他鍛鍊動作，請使用更傳統的課表安排，並將其與 GTG 項目分開練習。

● 請使用最嚴格的動作型態來練習。

● 將高張力技術與強力呼吸法應用上去。

● 選擇感覺「中高強度」的變化鍛鍊動作。

● 以中等至慢的動作速度練習。

● 每組的反覆次數控制在 5 下以下。

● 週一到週六都練習，可能的話就拆成好幾個階段練習，並且在星期日完全休息。

● 請勿狂操猛練到力竭或接近力竭。多數時間裡，大概做力竭次數的一半即可。偶爾可以增加或減少反覆次數，但應該在失敗前 1、2 下停下來。

● 「……應該要感覺到訓練後比訓練前更強壯……」

● 如果你不小心碰到了輕微的過度訓練，將訓練量減到 50%，直到你感覺到活力充沛並且提得起勁後，再慢慢加回去。

● 組數次數的增加應該循序漸進

● 練習同一個鍛鍊動作的變化版本。不斷變動組數、反覆次數、保持接近力竭。

● 測試個人紀錄的頻率越低越好，如果你是初學者，最多兩週測驗一次；如果你是經驗豐富的力量型運動員，最多兩個月測試一次。測試前先減量訓練一兩天，接著完全休息一天。

GTG 總結的總結

如果你的專注力跟灌了雙份濃縮咖啡的雪貂一樣渙散，以下是讀者文摘版本的「軌道潤滑訓練法」。

● 只做單手伏地挺身，單腳深蹲與它們的變化版本。

● 中高強度。

● 肌肉張力。

● 只做最大反覆次數的一半，但不能超過 5 下。

● 逮到機會就練，但絕不力竭。

GTG 總結的總結的總結

有個古老的俄羅斯軍隊笑話是這樣的：一名士官正在向一群新兵展示一台坦克。他說「坦克上有一個無線電收發器」。一名新兵問，「不好意思，長官，您剛剛說無線電是在收信器或發信器上？」士官回答：「為了這個白癡，我再說一次：在坦克上。」

以下是 GTG 的「坦克版本」，要練出狂暴的力量，沒有比以下更簡潔的了。

最小化

● 動作項目
● 疲勞

最大化

● 肌肉張力
● 訓練頻率

帕維爾徒手戰士訓練法

CHAPTER
6

拆解槍式深蹲

箱上槍式深蹲（Box Pistol）

保羅・安德森（Paul Anderson）版本單腳深蹲

空降弓步蹲（Airborne Lunge）

經典槍式深蹲（Pistol Classic）

無離心收縮槍式深蹲（Negative Free Pistol）

爆炸槍式深蹲（Renegade Pistol）

哥薩克槍式深蹲（Cossack Pistol）

動態等長收縮槍式深蹲（Dynamic Isometric Pistol）

等長收縮槍式深蹲（Isometric Pistol）

負重槍式深蹲（Weighted Pistol）

以下的單腳深蹲指引，會帶領你從零開始精通此動作。

箱上槍式深蹲

槍式深蹲有非常多變化版本。初學槍式深蹲最合適的版本是箱上式：屁股向後推坐到箱子或板凳上→上身回正→上身前傾→站起。從喬治・弗恩（George Frenn）到路易・西蒙斯（Louie Simmons）和尤里・福明（Yuri Fomin），許多健力大師大量使用箱上深蹲來訓練其來有自。

要達到最大的深蹲力量，僅使用股四頭肌遠遠不夠，深蹲時必然會大量徵召臀肌與腿後肌群一起出力。要做到這一點唯一的方法是透過向後坐而非向下坐，來預先拉長髖部肌群。執行正確的話，小腿會幾近鉛垂於地面，且屁股會被往後推的相當遠，就像在做早安運動那樣。

以屁股向後推來練習的好處，是能練出驚人的深蹲、跳躍、踢擊、衝刺能力，腿部肌肉的良好發育，以及減少膝關節壓力。

當小腿幾乎全程鉛垂於地面時，髕脛韌帶較不易產生髕骨往膝關節內的壓力。此外，腿後肌群的出力也會更進一步保護膝關節。實際上，如果你遵循本書指引的蹲法，腿後肌群會在箱上蹲下蹲的全程保持繃緊；如果按照其他傳統式深蹲的教法，很難引導出腿後肌群的張力，至少對於較無經驗的初學者來說是這樣。無怪乎，因傳統深蹲而撕裂髕脛韌帶的健力選手，不僅大量使用箱上深蹲進行復健，這樣做還能使他們的三項總合獲得飛躍性的成長──而且是在膝蓋舊傷完全沒有復發的情況下！這一點都不讓人意外。

箱上單腳深蹲的另外一個好處，在於這項訓練非常容易根據不同肌力水準的人來調整難易度。雖說上身回正後再前傾的版本，會比標準的下蹲直接站起版本更加困難，但是幾乎每個人都能做到在高板凳上的回正前傾箱上蹲，等到進步之後再逐步降低箱子高度即可。

觸箱即起不回正（Touch and go）的版本，是另外一種較簡單的練法，而回正後吐氣完全放鬆，重作呼吸法後再前傾的版本，則是難度最高的練法。

設定好 1 ／ 4 蹲高度的箱子，站在距離箱子 5 公分處。你可以選擇赤腳或是穿平底鞋：Converse 膠底鞋或角力鞋之類的都可以。穿靴子練槍式深蹲是最容易的，這會是初學者的好選擇。昂貴的緩衝良好軟底跑步鞋，則是完全不建議。用簡單的經驗法則來看：越貴的鞋子，越不適合穿來做肌力訓練。

將單腳抬起並盡可能把膝蓋打直，而後開始下蹲。確保重心保持在足跟，並且盡可能的把屁股往後推──想像一下在做的不是深蹲而是早安運動。兩手平舉在胸前來保持平衡。如果你手上拿個輕重量的物品（例如 2.5 或 5 公斤的小槓片），你會發現這有助於平衡。無論你是否有使用額外負重，都要盡量把手往前伸，膝蓋全程保持穩定。

正如資深 RKC 教官羅伯・勞倫斯所說的：「上身必須前傾到像在做早安運動那樣，如果不這麼做，你會失去平衡並向後跌倒。思考看看，當你完全站直時，重心在支點上呈現完美平衡；當你下蹲時，一部分的身體會跑到身體後方，此時必須有相同重量部分的身體向前以保持平衡，否則就會跌倒。」

「為了確保你的身體足夠前傾，我建議你下蹲時維持頭部在支撐腳腳掌心的正上方。實際上，剛開始時你甚至可以低頭看自己的支撐腳，由於這不像槓鈴深蹲那樣背上有負重，這麼做不會有危險。」

「很快的你會注意到，如果你上身夠前傾，以平衡向後坐的臀部，你會很順利的蹲下去；如果上身前傾的不夠，就會向後跌倒。」

大山倍達大師以前常常用箱上槍式深蹲來做有趣的物理示範。他讓一名學員坐在椅子上，一根手指按在學生頭上，而後大師請學生站起來時，學生會無法站起，這是因為此時學生的重心在腳掌支點的後方。請注意這點。

最重要的是膝蓋不應內夾、足跟不該離地、小腿越鉛垂於地面越好。可以想像膝蓋以下不小心插進未乾的水泥裡，或是穿著一雙滑雪靴。如果有需要的話，還真的可以穿滑雪靴體驗看看。

最重要的是膝蓋不能內夾、足跟不能離地。

小腿越鉛垂於地面越好。
可以想像膝蓋以下不小心插進未乾的水泥裡，
或是穿著一雙滑雪靴。

在控制下向後坐，而後上身回正到垂直，接著向前傾，向前傾到重心在支點正上方時，一路發力站直到底，但全程不該失去張力。

你會注意到在站起來的那一瞬間，你會想要把腳掌向後移動。你已經習慣用股四頭肌來主導動作了，因此會下意識地希望將所有負擔從你那孱弱的腿後肌和臀肌，轉移到股四頭肌上。千萬別這麼做！如果無法阻止腳掌向後移動的衝動，請換個更高的箱子，務必使小腿盡可能鉛垂於地，並且腳掌應該全程「黏」在地上。

有一種練法可以協助你維持小腿鉛垂，找一個訓練夥伴，請他將手放在你髖骨下 5 公分處，當你想違反黨的指示將膝蓋前移動時，你的夥伴會阻止你。

要站起時請務必收緊臀肌：「用屁股夾緊一枚硬幣」。再次提醒，重心放在腳跟。

等到你學會將臀部往後推，並且平穩舒適的下蹲到高箱子上後，你還有一些地方得操心。隨著回正式槍式箱上深蹲的箱高逐漸降低，你會注意到，當蹲的比大腿平行地面還低的時候，實在很難不讓膝蓋向前移動，而我確定你在槓鈴深蹲時也經歷過相同的問題。

這沒什麼大不了的，只要使用健力選手的小訣竅：不是被負重壓下去，而是主動使用髖屈肌（大腿最頂端的肌肉）將自己往下拉。以下講解如何徵召髖屈肌：呈仰臥姿勢且全程背部著地，盡可能把膝蓋拉向自己的胸口，可以請訓練夥伴從踝部提供輕微的阻力。下蹲階段時，要試著以相同的感覺來執行，也就是用髖屈肌群主動將自己的身體往下拉。

一開始練習髖屈肌主動下拉的時候，大腿頂部的髖屈肌群可能會抽筋，尤其是舉起來的那隻腳。記得在組間伸展髖屈肌群，可以使用弓箭步或單跪姿，將臀部往前推的同時記得保持軀幹直立。在你適應髖屈肌主動下拉以前，先減少組數與次數，這可能會花上好幾週。

腹部下方與大腿頂端的髖屈肌群，
很容易在槍式深蹲時過度疲累！
預防的方法是，每一組做完後都要伸展髖屈肌群，
並且以非常少量的方式，循序漸進的增加訓練量。

呈仰臥姿勢且全程背部著地,盡可能把膝蓋拉向自己的胸口,可以請訓練夥伴從踝部提供輕微的阻力。

深蹲下蹲階段時,要試著以相同的感覺來執行,也就是用髖屈肌群主動將自己的身體往下拉。

隨著你槍式深蹲的深度不斷進步，會在平衡上遇到更多的挑戰。無論有沒有體外負重，都要確實將手向前伸，這有助於穩定前後平衡。如果你的柔軟度夠好，以一隻手或兩隻手抓住懸空腿的大腳趾，會是另一種不錯的方法。

左右平衡更加困難。在下蹲之前收縮下蹲腳的臀肌與大腿內側肌群會很有幫助。要使臀肌收縮，請想像一下用兩片屁股肉夾緊硬幣。要使大腿內側的內收肌群收縮，想像一下把膝蓋骨「拉」進你的腹股溝。

下蹲時保持臀肌、大腿內側肌群（也別忘了腿上的其他肌群！）緊繃，這保證可以協助你的平衡，並且展現出更大的力量。另一種很酷的小技巧，是用腳趾緊抓地面，如果一開始需要靠懸空腳稍微輔助平衡，這當然沒問題，但是不能依賴太久，你要趕緊斷奶才行。

到目前為止，你可能已經被這些無止境的細節弄到暈頭轉向，請有點耐心。一開始的時候，你不用一次就把所有技巧都用上，最最開始的時候，保持脛骨垂直就對了。幾周後再加上幾個前面學過的增強肌力的小訣竅，相信我，耐心是值得的。複雜的訓練方法通常不會帶來太多收穫，單純且注重細節才會獲得回報。RKC 的羅伯・勞倫斯在 dragondoor.com 論壇上承認道：「我終生都在修正槍式深蹲，但每一分努力都是值得的。」

要使臀肌收縮，想像一下用兩片屁股肉夾緊硬幣。

CH 6 | 拆解單腳深蹲

複雜的訓練方法通常不會帶來太多收穫，單純且注重細節才會獲得回報。

還有更多細節要留意。例如下蹲或坐在箱上時要吸氣，在屁股即將離開箱子的瞬間，對腹部加壓，你會覺得腰部緊繃且充滿力量，此時產生的「氣」將會灌入你的支撐腳，使你毫不費力的站起來！就我個人而言，我喜歡在槍式深蹲中使用強力呼吸法的嘶嘶聲版本，但這僅是諸多可用選項的其中一種。

當你的箱子高度已經降到很低、很難做的時候，請持續練習回正前傾式箱上槍式深蹲，同時繼續降低箱子高度，直到練到可以坐到地面為止！這時候，站起時要想像以腳跟貫穿地面，就像跆拳道的後踢。已經可以坐到地面時，回正的同時，將支撐腳的腳掌離開地面，這樣的重新啟動會讓地板槍式深蹲的難度大增（你也可以在箱子上試試看），使用這樣困難的重新啟動練一陣子後，你會發現支撐腳腳掌不離地的練法根本是小菜一碟。

有些同志們的肢段比例使他們無法做到地板槍式深蹲；要是你柔軟度極佳卻仍沒辦法保持前後平衡的話，試著在身體前方拿一點重量。

站起時要想像以腳跟貫穿地面。

回正的同時,將支撐腳的腳掌離開地面。

啟發自保羅・安德森的
箱上單腳深蹲進階訓練法

在高箱子上做第一組回正式箱上槍式深蹲,
次數抓在力竭前 1、2 下停止。一腳練完後
休息一分鐘以上,再練另一腳。這時一組反
覆次數會大於 5 下,但因為行程比平時短,
所以這是沒關係的。

隨後將箱子高度降低 5 公分,並且開始下一
組,依此類推。組間休息時稍微伸展髖屈肌
群,避免它們過度緊繃僵硬。以這種模式持
續降低箱子高度,直到覺得其中一下很吃力
為止,這時候開始把箱子高度逐步加回去。
練完後你會像負傷小隊一樣不良於行。

經典槍式深蹲

終於要來真的了。

要在底部回正後，前傾站起而完全不能彈震，說起來很容易做起來卻很難。在嘗試練習經典槍式深蹲前，要先確定你有足夠的平衡能力以及柔軟度，至少要有蹲至最低後回正時仍感到舒適的程度。一開始你可以拿個很輕的，大約 2 至 5 公斤的小東西在身體前側來協助平衡。不要用手扶任何東西，這樣就太輕鬆了，不能這樣作弊。

雖然不可能真的完全讓背部挺直，
但還是要盡量將背挺直。

在最底部的時候，可以接受下背有輕微的彎曲。

做傳統的單腳深蹲時，要像在做箱上回正單腳深蹲時一樣，以髖屈肌將自己主動往下拉，但最底部並不著地，而是在臀肌拉伸到最長的位置。雖然不可能真的完全讓背部挺直，但還是要盡量將背挺直。除非有醫囑禁止，不然在最底部的時候，可以接受下背有輕微的彎曲。

要了解「打直」與「筆直」的差異。要在傳統單腳深蹲的最低點使背部「筆直」，在物理上是不可能的，除非你的踝關節活動度異於常人。我們要的是「背部盡量打直」，也就是「不要過度圓背」。

在底部暫停一段時間，以完全消除彈震，讓這項訓練更困難但也更安全。將腹部加壓並突起，一路站直到底，透過在最高點刻意把屁股夾緊往前推，來確保髖關節有完全伸直。

如同先前提醒過的，別讓膝蓋往前移動或往內夾！這裡提供一種有效的學習方法，來讓小腿幾近鉛垂於地面，且讓腳跟全程著地。將支撐腳以槓片或相似高度的物品微微墊高，並不是要像健美選手那樣將腳跟抬高來深蹲，而是將腳掌後半部放在槓片上，讓腳趾懸在空中。

一路站直到底。

透過在最高點刻意的把屁股夾緊往前推，
來確保髖關節有完全伸直。

將腳掌後半部放在槓片上，讓腳趾懸空。

一旦你重心跑掉，並將重心轉移到前腳掌上，你的腳趾就會觸地，這個時候你將會受到懲罰！全程都不應該讓膝蓋內夾、足弓內塌，且軀幹不該旋轉。

不應該讓膝蓋內夾、足弓內塌，且軀幹不該旋轉！

一位舉重選手的初學者小訣竅

六十二歲的硬漢 J. D. 威爾森（J. D. Wilson）在 Dragondoor.com 論壇上發表了一篇文章：「如何習慣槍式深蹲的最低點姿勢。我是從蓋瑞・瓦倫丁（Gary Valentine）那裡偷來這個概念的，他常在『老派肌力訓練網』（Old School Strength Training site）上發布一些學習奧林匹克舉重的好主意，像是刻意在最低點做靜態支撐練習……這樣做的目的是什麼？如果你無法以輕負重在最低點輕鬆、舒適地靜態支撐，你以為當你處於同一個姿勢，手上還抓個重物時又能表現得多好呢？」

「所以呢，我把同樣的概念拿來練槍式深蹲的最低點。事實上，一直以來我的活動度都不夠好，以至於無法徒手在最低點做靜態支撐，我需要在手上拿一點重量才能維持最低點姿勢。這同時結合了伸展與平衡動作。祝你樂在其中。」

在這個姿勢感受伸展時請吐氣放鬆，想像一下從你的髖與膝關節，把空氣、能量與張力一起釋放出去。

**加拿大壺鈴教官的假想壺鈴訓練，
有助於單腳深蹲的進步與平衡。**

即使你沒有負重，想像一下手上有負重可能是
個好方法。RKC 教官皮楚羅・普佐立（Pietro
Puzzuoli）在 dragondoor.com 論壇上建議：
「假裝你手上握著一個壺鈴，這將能使你的腹
肌和整個上半身保持繃緊，如此一來可使股四
頭肌更有力。另外，假想手上有個壺鈴能強迫
你學習適切的平衡，如此一來，練一段時間後
就不需使用椅子或門框等來輔助了。」

要記得，如同任何火力強大的武器，槍式深蹲還是會有危險的。遵循我們在「高
張力技術」提到的所有要點，並且在你準備好以前，不要嘗試任何進階的版本！

**如同任何火力強大的武器，
槍式深蹲還是會有危險的。
請遵循本書指導，別幹傻事！**

無離心收縮槍式深蹲

同志，你有試過完全只有向心收縮的練法嗎？也就是說，這樣的肌力訓練完全省略了離心收縮。這麼做至少有三個理由：第一，在不增加肌肉質量的情況下增長肌力；第二，在不過度訓練的情況下增加訓練總量；第三，在避免肌肉痠痛與縮短恢復時間的情況下，增加或維持肌力。蹲舉 450 公斤的弗雷德‧哈特菲爾德博士（Dr. Fred Hatfield），向追求極致表現的健力選手們推薦過這樣的練法。

以雙腳徒手深蹲蹲至最低點，而後慢慢的將一隻腳向前伸直。此時向腹腔加壓，繃緊全身，接著以單腳站起。在箱上做槍式深蹲時，也可以用相同的方法來練。

以徒手深蹲蹲至最低點。

慢慢的將一隻腳向前伸直。

向腹腔加壓，繃緊全身，而後以單腳站起。在箱上做槍式深蹲時，也可以用相同的方法來練。

相信膝蓋扭傷過的同志們，會因為膝蓋壓力極小而愛上無離心收縮槍式深蹲。每當我的內側副韌帶（MCL）舊傷復發的時候，我會只練習無離心收縮單腳深蹲，這讓我能夠在毫無疼痛的情況下持續訓練。

如果你是初學者，甚至可以用這種練法來開始訓練。有不少人在初學的時候很難安全的下蹲，他們無法主動徵召髖屈肌，並且會擔心失去平衡而跌倒，這會讓初學者的膝蓋感到怕怕的。然而，一旦你在站起過程練得不錯後，就不會在相同軌跡的下蹲階段如此艱辛。

全能舉重全國冠軍（All-Around Lifting National Champion）同時也是紀錄保持者的安迪・科莫爾尼（Andy Komorny，RKC）在 Dragondoor. com 論壇上提出了一個聰明又簡單的建議，讓向心收縮箱上槍式深蹲在日常生活中就可以練到：「每次你要從椅子站起時，就用單腳站起……記得小腿垂直地面、重心放在腳跟上。」

哥薩克槍式深蹲

這是另一種進階的槍式深蹲變化版本。蹲至最低點，懸空腿筆直向前伸，而後爆發性的將兩腳位置交換。

重心一樣放在腳跟！

做這個版本時，如果將支撐腳腳趾離地，會增加平衡難度，而腳跟離地會增加爆發難度。身體必須夠前傾，以維持前後平衡。

換腳時務必迅速爆發，將注意力集中在向前踢的腳跟，並想像要踹進某個假想標靶裡。當然，這項變化版本只適用於膝蓋夠健康，且雙腿夠強壯的人。

將注意力集中在向前踢的腳跟，並想像要踹進某個假想標靶裡。

當然，這項變化版本只適用於膝蓋夠健康，且雙腿夠強壯的人。

動態等長收縮槍式深蹲

好了，如果你已經練到各種版本的單腳深蹲都可以做好幾下，現在的你一定很有吸引力。同志，是時候謙虛一點了。

單腳下蹲到最低點，並在不放鬆的狀態下停留幾秒鐘。

慢慢站起到大腿與地面平行的高度，而後再次暫停幾秒鐘。做短吸短吐的呼吸法，不放鬆，然後享受痠痛吧！

接著再上升一點點，並且重複相同的操作，最後完全站直。製片，幫我在這邊插入邪惡笑聲的音軌。

**在將動態鍛鍊與高張力結合的狀態下，
於障礙點（Sticking Point）暫停，
可以在不額外加重的狀況下，
大大地增加肌力鍛鍊的難度。**

徒手戰士訓練法對「平行」的定義，與健力標準完全相同：髕骨頂端剛好高於髖關節。

俄羅斯人比較擅長訓練，不太會行銷，他們不斷發明很酷的練法，但常常忘記幫自己發明的練法取名字。像「動態等長收縮」（dynamic isometrics）就是這樣的情況。這是俄羅斯人發明的，但卻是由美國運動科學家麥可・耶西斯（Dr. Michael Yessis）博士命名的。這種威力無窮的練法的原理，是在某些難以發力的位置上，中斷正常的動態上升並且暫停。在俄羅斯，暫停的標準時間為 1–5 秒，但這是可以變動的。這種練法可以有一個或多個暫停點，暫停點必須設置在最難以發力的高度。

最簡單的選項是先蹲到最低點，然後上升到平行蹲的高度並在此停留。就過往紀錄而言，你在健身房裡目睹的「平行蹲」高度都高得嚇人，只是個笑話罷了。徒手戰士訓練法對「平行」的定義，與健力標準完全相同：髕骨頂端剛好高於髖關節。

另外一種暫停點的選擇，是比平行高度高 5 公分，這通常會是深蹲的障礙點（Sticking Point）。接著，如果你是個真男人，請直接站直到底。

第三個選擇是蹲到最低點，在這裡暫停幾秒鐘並且不放鬆，而後爆發站起。

至於多點停留，那真的是很邪惡的練法。高等的徒手戰士可以在最低點先暫停後，上升到平行高度暫停，而後再上升幾公分再暫停。是的，這麼練下來，縱使是已經很強壯的人，也可以在沒有任何器材的情況下，做最高品質的肌力訓練！

也可以調整成更容易的變化版本。例如，你可以不用蹲到最低點，只要下蹲到平行高度並在此暫停，享受一下酸楚，而後直接站起。一開始你可能只能暫停一秒鐘，但那也不錯了。動態等長收縮訓練法有很大的彈性可以靈活應用，想像力是你的超能力。

在將動態鍛鍊與高張力結合的狀態下，於障礙點暫停，比起只是動態鍛鍊，或只是靜態等長收縮更能建構肌力。

在一項研究中，在動態鍛鍊中加入幾個暫停點後，訓練效果會比單純動態鍛鍊有效 15％以上！有效的原因很容易解釋，至少有三個原因：

第一，因為這麼練會在高張力的障礙點停留不少時間。與一般鍛鍊相比之下，去除了動能這個因素。

第二，動態等長收縮可以改善你的身體張力，從等長收縮開始啟動時，你就不得不使用更多的肌肉張力。

第三，這樣的練法有助於肌肉生長。

等長收縮槍式深蹲

單純的等長收縮練法也很好。徒手戰士訓練法以自己的風格，將等長收縮練法詮釋得很好。不同於等長收縮深蹲的傳統練法，在三個不同高度間以不同的收縮形式移動，這種練法僅在一個姿勢訓練：最低點，並且每一組只做很長時間的一下。

70 年代，俄羅斯科學家札季奧斯基（Zatsiorsky）和萊慈辛（Raitsin）破除了「特定角度的等長收縮訓練，僅能增長同樣角度的肌力」的迷思。他們還發現，就算僅在肌肉拉到最長的位置進行等長收縮鍛鍊（像是槍式深蹲或單手伏地挺身的最低點），就可以增加整個動作行程的力量。同志們，這省時多了！

後來的蘇聯以及西方世界研究，更揭示了令人驚訝的事實：等長收縮的訓練強度並不是很重要，每日進行等長收縮的時間影響較大。那麼，「為何不降低強度後，做長達好幾分鐘的等長收縮呢？」力量訓練界的卓越人物，超乎常人的肌力教練傑伊・施羅德（Jay Schroeder），以及大力士選手兼作家史帝夫・胡斯塔（Steve Justa）等人如是問道，而他們的想法是對的。

無須負重，只要在單腳深蹲的最低點停留數分鐘即可。別像你在做活動度訓練時那樣在最低點放鬆，腳仍然要向下踩（還記得「靜態重踩」嗎？）穩穩地出力但不需要太過用力，確實地繃緊腿後肌群。慢慢調整肌肉張力到 50%，持續 2、3 秒鐘。再提醒一次：穩穩地出力！如果出力忽大忽小，那就只是在浪費時間而已。

大概出到 50% 的力就夠了。要弄清楚的是，50%的力量指的並不是在整個訓練中都使用最大出力的一半，而是你出到最大肌力的 50%後，穩定維持直到訓練結束。感到疲累時，你將會需要更努力來保持出力穩定。這就像用 1RM 重量的 50%來做高反覆訓練一樣，會越來越辛苦。

結束時一樣要緩緩的放鬆。在力竭前就要收手，這很重要！如果你一開始練習時只能維持數秒鐘，就要見好就收。

懸空腳在這個訓練時要觸地，如果維持懸空的話會讓髖屈肌抽筋，而這毫無意義。懸空腳一樣膝蓋伸直，以腳跟點地就可以了。

儘管出力沒有到最高強度，但你仍須努力用上所有高張力技術，將操作強度調小一點即可。把你在動態槍式深蹲時用的所有小訣竅都搬過來就對了。

腹部仍需加壓，但不閉氣，以短吸短吐來換氣。

髖屈肌群很容易過度緊繃，所以結束後要確實的伸展大腿根部。

這值得反覆提醒：位於大腿根部的髖屈肌群所能承受的訓練量，不及股四頭與臀肌。你應該緩慢地增加訓練量，且每一組練完後都要伸展髖屈肌群。

等長收縮訓練有許多優點，且對動態肌力訓練有極佳的補益效果。

負重槍式深蹲

將重量以雙手提在身前,手肘微彎。

除了空降弓步蹲以外,你可以在上述的任何槍式深蹲變化版本中,以雙手在體前增加負重。使用 2 到 5 公斤的重量,可以使平衡變容易,並且能協助你徵召腿後肌群與臀肌。而使用更重的重量,自然會使訓練變得更難。

我喜歡用雙手抓住壺鈴提把來負重，但你可以使用各種不同的物體（甚至抱著彈藥盒都行，你開心就好），為槍式深蹲增添額外阻力。我並不認為這樣會害徒手訓練「不純」。

最重要的是隨時隨地都能鍛鍊肌力，你可以輕鬆即興的為槍式深蹲增添重量，而不是像槓鈴深蹲那樣一定要有槓鈴槓片。要拿一箱彈藥或是一塊大石頭都行。

徒手的槍式深蹲比較像舉重風格的高揹槓深蹲，兩者的上身都相對較垂直；大重量的負重槍式深蹲比較像健力風格的低揹槓深蹲，兩者的上身都較前傾，有時甚至會前傾到像在做早安運動那樣，也因此，腿後肌群與下背肌群會參與更多。

值得注意的是，這讓你能用相對較輕的負重來鍛鍊束脊肌群──大多數的黨員只練到負重 24 公斤或 32 公斤。你思考一下就會發現這完全合理，將壺鈴舉在身前的方式會形成槓桿劣勢，從而增加背部束脊肌群的負擔。這是個好消息，因為徒手訓練最大的詬病，就是很難鍛鍊到下背。

負重單腳深蹲時，勾起懸空腳的腳背會更有力。

注意，執行負重槍式深蹲時，勾起懸空腳的腳背會更有力。徒手單腳深蹲時則不建議這樣做，因為這種做法很可能會讓你的膝蓋向前移動。

「我相信槍式深蹲絕對是我做過最棒的腿部肌力訓練」丹・韋伯（Dan 'X-celsior' Webb）在 dragondoor.com 論壇上如是說。「過往我能背槓鈴蹲到 160 公斤以上，但我並不喜歡自己的大腿越來越粗，所以我停止槓鈴深蹲，改成每天練習負重槍式深蹲（16 公斤 3 組，24 公斤 3 組，或是 24、32 公斤 3 組），更改訓練方式後，我覺得自己越來越強壯了。」

CHAPTER
7

拆解單手伏地挺身

單手伏地挺身——調整高度
（The One-Arm Pushup, Floor and Elevated）

等長收縮單手伏地挺身（Isometric One-Arm Pushup）

單手鐵牛耕地（The One-Arm Dive Bomber Pushup）

單手鐵牛耕地退階——幫浦式（The One-Arm Pump）

單手鐵牛耕地退階——半程轟炸機
（The One-Arm Half Bomber Pushup）

單手鐵牛耕地的四項輔助練習
（Four More Drills to Work up to the One-Arm Dive Bomber）

單手／單腳伏地挺身（The One-Arm/One-Leg Pushup）

單手伏地挺身──調整高度

如果你以為一旦將標準伏地挺身練到能做到某個神奇次數（比如連續 100 下之類的）你就會自動學會單手伏地挺身的話，那你肯定想錯了。

提升長時間連續執行低強度訓練的能力，並不能遷移到短時間高阻力的運動表現。此外，單手伏地挺身有另一個困難的要件：平衡。因此，除非你針對單手伏地挺身來訓練，否則不要指望太多。

很矛盾對吧？為了要學會做好單手伏地挺身，一定要練習單手伏地挺身，但你因為一下單手伏地挺身都做不起來，而沒辦法練習單手伏地挺身……

別灰心，同志，你可以先將手部調高，將手放在板凳、桌子、甚至牆面上，來進行退階的練習。

同樣的邏輯，透過把腳抬高來做單手伏地挺身，則是難度較高的進階練習。

就算是單腳版本的伏地挺身,也可以透過把腳抬高來進階——如果有必要的話。

調整高度版單手伏地挺身(進階與退階)的技術要點,和未調整高度版本完全相同,以下解釋。

讓我們先講清楚一件事,合格的單手伏地挺身動作標準,是雙肩與地面平行,

雙腳前腳掌踏實地面,而非只有腳趾著地,並且向下到兩邊胸部幾乎觸地時才
能開始上升。

以下來講講符合標準的技術要點。

將雙腳打開至略寬於肩,胸口直指地面。

五指張開以保持平衡,並且把重心放在
小指正下方的手掌根部。

將兩腳打開略寬於肩,胸口直指地面。

此時將鍛鍊手放在中心線外幾公分處,中指直指前方。五指張開以保持平衡,
並且把重心放在小指正下方的手掌根部。

現在開始做做看單手伏地挺身。過程中你的身體可能會像「一盤散沙」,你的
下背部會像駱駝的兩個駝峰之間一樣凹下去,而且非鍛鍊手那側的肩膀會先浮
起來,如此一來,這一下就不合格且不算數。

高張力技術（TENSION）能讓你更有力、更穩定、更遠離運動傷害。
從鍛鍊手的指尖一直到腳趾，全都該上緊發條。

全程雙肩下壓，遠離雙耳。

對腹腔加壓，我保證你會發現狀況大大不同。

讓我們倒帶並從頭開始。一開始，無論有沒有調整高度，在你開始下降之前，
應該要繃緊全身。永遠別忘記，使用**高張力技術**能讓你更有力、更穩定、更遠
離運動傷害。從鍛鍊手的指尖一直到腳趾，全都該上緊發條。

穩定且堅實後，胸部開始朝板凳或地面下降。你可能會在降到最低點之前軟掉
趴到地面上，或是身體會變得歪七扭八，不知道你在幹嘛的路人，還以為你正
在練瑜珈呢。

以下教你如何乾淨俐落又穩定的下降：

別把重量壓在肱三頭肌上被動的下降，請挺起胸膛，並用背肌將自己往地面拉。沒錯，就像單手划船一樣。你會驚訝地發現，你的肩膀立刻停止抗議，用邪惡的俄式風格來做事是多麼容易啊。

全程雙肩下壓，遠離雙耳。對地面使用螺旋勁，別只是將手肘夾緊靠近肋骨而已，主動外旋上臂，手臂像是從內向外的「擰」進地面。下降的階段要做，上升的階段更要做好。

對腹腔加壓，我保證你會發現大有不同。自然而然的，你的股四頭肌與臀部當然也必須全程繃緊。

整組動作開始到結束之間，確實讓雙肩與地面保持平行。如果非鍛鍊側的肩膀比較高的話，就不算合格動作，而且這樣的鍛鍊效果也差很多。

隨著你越來越強壯，就可以開始降低手下的墊高高度，降到可以完全不墊高時，就是合格的標準單手伏地挺身了。接著，你可以開始將腳部抬高來練習，一開始幾公分即可，接著再逐步的加高。

如果不墊高腳掌的話，你也可以在脖子上背負一條鐵鍊或是沙袋，來提高單手伏地挺身的訓練強度。沒有鐵鍊嗎？那就試試把槓片用毛巾綁在脖子上吧，這會比放在背上更舒適，並且當頸部伸肌群出力時，也會連帶著讓你的三頭肌與上背肌群更有力。

做完伏地挺身或相關衍生動作後，手腕會不舒服嗎？

排除掉醫療問題後，你可以藉由在組間休息時做反向伸展來降低不適感。找個舒適柔軟的地方跪下，比如說草皮、瑜珈墊、或地毯，接著彎曲手腕、手肘打直、以掌背貼地、掌心朝上、手指指向腳掌。小心地將重量慢慢放上去，伸展手腕五秒鐘，重複數次。

當你的韌帶越來越強韌後，你可以試著用這個姿勢來做做看伏地挺身，我們在特種部隊把這動作取名為「魚鰭伏地挺身」。另一種做法是掌心朝上、兩手中指指向彼此，力求手肘完全打直，別操之過急！

如果是因為標準伏地挺身時，手腕過度伸展（hyperextension）而導致不適，可以採取另外一種方式：改成拳頭伏地挺身。

這會在不過度伸展的狀況下加強你的手腕，同時，由於動作幅度延展的關係，會增加動作難度。更難但更安全，黨就是這樣。

以傳統武術的鍛鍊方式來說，如果是兩拳心指向腳掌，重心放在拳頭的食指與中指上。如果是兩拳心相對，重心放在拳頭的中指與無名指上。初學的時候重心平均放在整個拳面就可以了。一開始時動作慢一點，別扭傷手腕。

在障礙點暫停個幾秒鐘,並且保持張力,而後再繼續推上去。

等長收縮單手伏地挺身

體操運動員和攀岩運動員都具有優異的相對肌力。他們的祕訣，就是將動態肌力訓練與靜態肌力訓練合併使用。俄羅斯登山界頂尖人物昂尼德・拉普辛（Leonid Lapshin），是蘇聯第一位在登山和攀岩項目皆獲得競技大師排名的人物，他建議動態與靜態採用 70：30 的比例來執行混合訓練。

躺在地上呈俯臥姿勢，全身繃緊，而後出力推。即使身體無法完全離開地面，也要留意讓兩腿與下背挺直。你的身體應該會覺得變輕了一點，就像是準備要起飛了一樣。

你可能比較喜歡將手掌墊高，甚至放在牆壁上。如果要做墊高的版本，請保持胸部平行且懸空。程度很好的徒手戰士，甚至可以在地板上執行等長收縮單手伏地挺身時，使身體離地。

程度很好的徒手戰士，甚至可以在地板上執行等長收縮單手伏地挺身時，使身體離地。

換氣時使用短吸短吐，全身繃緊，意識放在肌肉控制上而不中斷。尋找「力量逸散」點與最脆弱的部位，並使用張力來彌補這些弱點，或說是收拾殘局。你的身體應該感覺像是一體成形的剛體。肌力技術的提升，是等長收縮訓練的諸多優點之一。

尋找「力量逸散」點與最脆弱的部位，並使用張力來彌補這些弱點，或說是收拾殘局。

穩定的持續出力，出力接近最大肌力，就如同我們在等長收縮槍式深蹲時練的那樣。初學的時候僅能維持幾秒，這是 OK 的，花些功夫練到一分鐘或更長的時間吧。

單手鐵牛耕地

這個海軍海豹突擊隊最喜歡的邪惡版本是這麼做的,跟伏地挺身的垂直軌跡不同,要以向前向下的軌跡下降伏地,想像是從假想的欄杆下鑽過,接下來以單手眼鏡蛇式為動作終點。

接著從動作終點倒回來。請別像在做印度式伏地挺身(Hindu pushup)那樣,在手臂伸直的狀況下將臀部拱起,要從欄杆下鑽回來!這個鍛鍊動作很容易做成深度不夠,或以非弧形軌跡移動的作弊版本,別這麼做!

我敢以同數字的俄幣換美金來打賭,你一開始一定會失敗。你需要合理的進階策略,參見以下。

想像是從假想的欄杆下鑽過，接下來以單手眼鏡蛇式為動作終點。

起身時別直線推起，要從假想欄杆下鑽回來。

單手鐵牛耕地退階──幫浦式

單手撐地、五指張開,手掌大約在肩膀正下方,另外一隻手放在背後。

手臂打直,然後開始

……往下

……而後回來

這項練習又稱為「prokachka」（俄語粗略翻譯為「幫浦」），這能夠讓你學會在單手鐵牛耕地時適當的平衡。

以背肌出力將身體向下拉；回來的時候手臂打直繃緊，以三角肌出力將身體推回。

稍微移動手掌與腳掌的位置是可以的，別害怕，這可以幫助你找到最佳平衡姿勢。

單手鐵牛耕地退階
——半程轟炸機

以標準的鐵牛耕地起始姿勢（身體像摺疊刀一樣）開始下降，就像轟炸機降落一樣，直到胸部輕微擦過地面，同時手肘完全彎曲，並且緊貼在軀幹側面。

或者盡可能的做到你能做到的位置。

接著直接循原路推回（譯按：即省略手肘打直的單手眼鏡蛇式），別以直線向上的方向，要以向後向上的方向推回。這項訓練很適合拿來做不借力標準肩推的 GTG。

以下是一些可以確保安全不受傷的小提醒：兩腳站距別寬到太離譜，不要墊腳尖或勾腳背——很容易就會不小心變這樣。你應該以腳趾與前腳掌著地，但腳掌面應該要幾近垂直於地面。可以問問看脊醫（譯按：chiropractor，台灣沒有類似的醫療職類）為何這如此重要。

十分重要：雙肩下沉遠離雙耳，接著再開始往回推。

十分重要：手肘必須非常貼近軀幹，要隨時記住這一點，否則就不可能練得好。

無論是下降階段還是上推階段，都應加上螺旋勁。

單手鐵牛耕地的四項輔助練習

單手鐵牛耕地最困難的部分,是從「欄杆下」鑽回來,這真的非常困難。
使用兩手著地,單腳懸空的鐵牛耕地版本會有所幫助。

兩手掌交疊的鐵牛耕地版本也能幫上一些忙，非訓練手放在訓練手手背上，並且幫忙出一點力。

另外一種很棒的輔助練習方法，是部分行程（幾公分）的雙手鐵牛耕地，僅通過動作的障礙點，也就是整個弧形的最下方，就往回程推起。

記得要將兩臂撐進肩窩。在向下向前的時候，要想像自己在做「肱三頭滑輪下壓」，而在向上向後推回時，要想像自己在做「直腿肩推」（military press）。

單手／單腳伏地挺身

最後，這是沙皇級的單手伏地挺身：

指導原則與單手伏地挺身幾乎完全相同，僅多了兩個要點。

首先，使全身繃緊堅若礬石，接著透過在地面上的手腳和懸空的自由腳來找到平衡點。

從左腳的腳趾→堅若礬石的腹部→收緊的右背→一直到右手的指尖，形成一條堅不可摧的「力量陣線」，只有在你可以如此撐好整個身體的情況下，才不會像塔利班勢力一樣潰不成軍。不斷練習高張力技術，有一天你會掌握箇中竅門的。

千萬別想將重心放到腳掌側緣來降低難度，這是作弊！

使全身繃緊堅若磐石，並透過在地面上的手腳，和懸空的自由腳來找到平衡點。

千萬別想將重心放到腳掌側緣來降低難度，這是作弊！

再次強調，執行伏地挺身時，務必保持訓練手、著地腳掌、以及你的小腹三點牢固的呈一直線。再次引用中山正敏的話：「收緊腹部正面和側面的肌肉，以將骨盆與兩肩連結起來，骨盆穩定以及大腿的拮抗肌群共同出力的結果，將產生穩定的基底，以及強而有力的動作，在這堅不可摧的基礎提供的支持下，臀部的力量可以傳遞到手臂。」

享受痠痛吧！

帕維爾徒手戰士訓練法

CHAPTER
8

徒手戰士 Q & A

自身體重訓練真的有比負重訓練還要好嗎？

為何武術圈對於自身體重訓練與負重訓練孰優孰劣之類的問題，
會爭論的如此激烈？

我能只用自身體重就練的超強壯嗎？

我應該在訓練中混用各種不同的肌力訓練器材嗎？

我要如何將徒手訓練與壺鈴、槓鈴訓練相結合？

高張力技術和 GTG 系統可以應用在負重訓練上嗎？

高張力技術和 GTG 系統可以應用在肌力──耐力訓練上嗎？

我總是會過度訓練，我該怎麼辦？

我可以從現有的基礎直接開始執行徒手戰士訓練法嗎？

我可以在徒手戰士訓練法中增添更多的訓練動作嗎？

如果我只練書中所教的兩個動作，會讓我的肌力失衡嗎？

如果無法觸及體外負重以及單槓，
還有什麼拉系列動作可以鍛鍊背肌呢？

我要如何將徒手戰士技術應用在我的專項競技體能裡？

哪裡可以讓我學到更多徒手肌力訓練呢？

低反覆次數又不力竭？這樣練未免太簡單了吧！

在遇到緊急狀況時，我可能會忘掉這些提升肌力的技巧嗎？

本書是否過分強調技術層面呢？

最後……沒有藉口！

自身體重訓練真的有比 負重訓練還要好嗎？

沒有哪個比較好，各種類型的阻力訓練都有優缺點。以下是最常見的觀點：

自身體重訓練

街頭健身最大的優勢是方便性。我可以用非科學的觀點向你詳述街頭健身的仿自然特性，也可以用偽科學來談談開放鏈與閉鎖鏈的力學差異，但我不會這麼做。說真的，自身體重訓練的最大優點，就是你可以隨時、隨地進行鍛鍊。

街頭健身可以強化身體可用組織，並改善身體組成。你可以放任自己的飲食，讓自己得到心臟病，同時還能臥推超級大重量；但這種情況不會發生在能夠執行單手伏地挺身的人身上。如果你是個高體脂的胖子，你的相對肌力一定不怎麼樣（就算是高肌肉量的胖子也一樣）。

自身體重訓練最大的缺點是：這種練法無法練到全身參與的拉力動作，例如硬舉、抓舉、上膊等，而這些動作卻是大多數競技運動的基礎肌力訓練。雖然你仍然可以用橋式、背肌伸展、反向背肌伸展等動作來鍛鍊後側鏈肌群，但就如同俄羅斯邊境敖得薩（Одесса）所流傳的一句話一樣：「訓練肌肉與訓練動作，是完全不同的兩回事。」

權威雜誌《俄羅斯拳擊年鑑》（Russian Boxing Yearbook）建議拳擊手使用重量等於自身體重的爆發抓舉來訓練。弗蘭克・沙姆洛克（Frank Shamrock，UFC 冠軍）說的很詳細：「上膊這個動作能使你學會從腳趾頭開始爆發出力，MMA（綜合格鬥）的發力就是從腳趾開始，一直延伸到雙手指尖。這是一種連續性的力量傳遞，如果你能讓自己的身體變得精實，同時提升能量，就可以把這些多出來的能量運用在其他地方。你的身體會記得這些動作，且這些爆發性訓練動作會讓你變得更強壯。這種連貫的發力形式，與出拳動作非常相似。」

槓鈴

槓鈴讓你可以舉的非常非常重，而這是最純粹的快樂。硬舉起一把重到讓槓鈴彎曲的重量，身體伸直鎖定那一刻的感覺，是獨一無二，無可取代的。

槓鈴訓練不僅是睪固酮的大補帖，它真正的優勢，是能精準調整阻力大小。你可以很輕易地的指定像是「82.5% 1RM」之類的阻力，這個優勢的重要性是什麼呢？這讓你可以執行**訓練週期**：為期數週的訓練計劃，能夠以個人最佳紀錄來計算出精確的使用重量。這樣的週期訓練法很容易執行，且效率非常高。

週期訓練法僅在槓鈴訓練有效，若是使用其他更傳統的阻力訓練類型，則週期訓練並不管用。例如啞鈴，縱使啞鈴以 2.25 公斤為一階，也無法像槓鈴一樣精準（例如：從 9 公斤跳到下一階 11.25 公斤的啞鈴，重量就足足增加了 25%！），還有壺鈴，壺鈴被有目的設計成以極大的重量差來升階（標準是 4 公斤），但最後，還是得說，自身體重訓練藉由槓桿作用來調整強度的方法，其精準度仍然不如槓鈴。

啞鈴

相較於槓鈴，啞鈴在平衡感上的挑戰更大，並且能使你雙手的肌力練得更均衡。啞鈴的缺點，在於你會需要買一大堆的啞鈴，這不僅需要大量的金錢，還需要大量的空間。可調式的槓片裝卸型啞鈴是不錯的替代方案，但你最好向信譽良好的公司（例如 ironmind.com）購買，你不會希望練到一半時槓片脫落，砸爛自己的腦袋瓜。

啞鈴無法拿來練習一些效益極佳的鍛鍊動作。例如，夠強壯的受訓者很難用啞鈴來做強度夠高的腿部鍛鍊。此外，啞鈴的重量完全不足以練習硬舉、不能做頸前負重深蹲、操作槍式深蹲時，也難以用舒服的方式手提啞鈴。

壺鈴

我從沒見過舉起俄羅斯壺鈴後，還不堅信這是肌力及體能的終極型態的人。脊醫、RKC，以及希臘—羅馬式摔跤奧運銀牌得主丹尼斯·科斯洛夫斯基（Dennis Koslowski）曾坦率地說：「壺鈴就像是有效 10 倍的奧林匹克式舉重……如果我在 80 年代初就認識帕維爾的話，我可能已經贏得兩枚奧運金牌了，我是認真的。」

壺鈴的特殊設計——遠離重心的厚提把，讓它擁有了許多獨特的優勢。粗厚而光滑的提把，加上許多壺鈴動作都有彈震式的特性，使人練出無堅不摧的握力與腕力。還有一點也很重要，就是倒提壺鈴式上膊與相關系列動作，更是練出強壯前臂的重要武器。偏離重心的提把，可讓肩部肌力、肩關節健康與活動度最大化。

提把的位置偏離重心，使得壺鈴可以在動作過程中換手，得以進行各種強而有力的花式鍛鍊，這讓壺鈴獲得了俄羅斯聯邦國家體育文化委員會（Russian Federation State Committee on Physical Culture）的大力認可。與傳統的線性訓練法不同之處在於，這樣的訓練在很多面向上，能夠發展動態肌力且能預防傷害。

壺鈴訓練的另外一個好處，就是不需要擁有一大堆不同重量的壺鈴，或是可調式壺鈴。壺鈴訓練已經演進成透過其他方式來漸進式超負荷，以深蹲為例，你可以透過握住壺鈴提把的兩側，並將壺鈴背負於兩肩胛骨之間來做背蹲舉（用啞鈴則不能這麼做）；若是將壺鈴握在胸前，則可以做前蹲舉（用啞鈴一樣無法做前蹲舉，用槓鈴則是對手腕活動度的要求很高）；兩手打直下垂，將壺鈴置於臀後，則可以做哈克深蹲（Hack squat）（又是一個無法用啞鈴來做的動作）；握住壺鈴提把的兩側，將壺鈴置於胸前，則可以做單腳深蹲。長期壺鈴訓練後，強壯的同志們，都能做到壺鈴負重的單腳深蹲。

因此，在無需花費槓鈴、槓片、蹲舉架所需的金錢與空間的狀況下，就算只有一顆壺鈴，也可以得到貨真價實的優質腿部肌力訓練。因此，壺鈴被稱為「低科技／高概念的肌力訓練替代方案。」

身為壺鈴專項運動員／壺鈴教練／生意人，我大可繼續說下去，但到這邊你應該已經有概念了：俄式壺鈴是「真男人在練的」。

我不會再繼續回顧市場上各式各樣的阻力訓練器材了，你應該已經明白了。

有個簡單的概念：你的運動專項性，可能決定了你所需的主要阻力類型。例如，體操選手一定是著重在自身體重訓練，而健力選手一定是著重在槓鈴訓練。

爲何武術圈對於自身體重訓練與負重訓練孰優孰劣之類的問題會爭論的如此激烈？

因為關於阻力類型的爭論，會受到課表設計所混淆：包括組數、次數、休息間距、訓練節奏等。

在這樣牛頭不對馬嘴的無意義爭論下，無論是大重量的健力訓練，或是拿粉紅色小啞鈴來練高反覆的肱三頭後伸，都同樣會被歸類到「重量訓練」這種誤導類別。而「自身體重訓練」這個標籤同樣具有誤導性，畢竟在最低點停留一秒的單腳深蹲與印度深蹲，都會被歸類在自身體重訓練，而它們兩者對身體會產生完全不同的影響，根本是 XX 比雞腿，槍式深蹲的效果與槓鈴深蹲（準確來說，是大重量，低反覆的槓鈴深蹲）相似得多，而高反覆的印度深蹲則完全不是同一回事。

重點是，別執著在阻力類型上，要專注在你想要發展的屬性上。像是格鬥選手，他所需要的和舉重選手、長跑選手都不同，得混合使用不同類型的肌力與耐力訓練。

縱使你看到某個健力選手在地面徒手訓練或吊環訓練上很吃鱉，那也不代表槓鈴或大重量訓練就不適合格鬥選手。大重量槓鈴訓練只是肌力及體能訓練的其中一部分，而該健力選手可能只是忽略了其他部分，像是肌力、耐力、技術等或其衍生亞型。來自西伯利亞的亞克夫‧佐伯寧（Yakov Zobnin）是極真空手道重量級世界冠軍，被稱為「最強壯的空手道家」。即使他擁有職業籃球員的身高，仍然能深蹲 225 公斤，且其動作深度足以在健力比賽中得到白燈（合格動作）。此外，他引體向上也能連續做 25 下，同時又練習增強式伏地挺身……等等。

再強調一次，關於舉鐵或自身體重訓練的爭論只是在浪費口水。你需要的是辨明想達到的目標所需的不同肌力類型，接下來以手邊可及的阻力類型來發展你所需的能力。你需要的是以本書或《Power to the People!》中所述的低反覆、高張力、最大肌力訓練方法來反覆練習。你需要的是多做爆發力練習，同時也別忘了耐力訓練。工商服務一下，RKC 的課程涵蓋了武術中所需的全方位肌力及體能訓練，來多學幾招然後大顯神威吧！

我能只用自身體重就練的超強壯嗎？

這端看於你對於「強壯」的定義。如果你的目標是成為引體向上大師，或是俄式挺身大師，那麼答案是可以，你可以僅用自身體重鍛鍊就達成目標（雖然加上體外負重訓練可以讓你更早達成目標）；如果你的目標是上場參加舉重比賽，那麼答案是不行；如果目標是武術表現，可以試著將自身體重訓練與壺鈴訓練混合使用。

我應該在訓練中混用
各種不同的肌力訓練器材嗎？

RKC 的伊森・瑞福（Ethan Reeve）是北卡羅來納州威克森林大學的肌力及體能訓練總教練，他的運動員們充分的利用了徒手訓練、壺鈴、槓鈴等各式各樣的訓練器材。這樣看來，是的，你可以在訓練中混用各種不同的肌力訓練器材。

但真正的問題是：你是否擁有瑞福教練的知識和經驗？不，你沒有。而且就算你有足夠的知識與經驗，你也不太可能總是能觸及所有這些五花八門的器材。這完全重新定義了這個問題，不是嗎？

你的訓練組成越單純，出錯的可能性就越小。請以 AK-47 的發明者卡拉什尼科夫（Kalashnikov）的思路來想想看，AK-47 是構造單純、簡單明瞭的槍枝，但它仍能完成一次又一次的任務。

傑夫・馬同（Jeff Martone）和麥克・馬勒（Mike Mahler）等諸多硬漢執著於壺鈴訓練與高強度徒手訓練，他們的堅持其來有自。如果你訓練的目的是格鬥表現，無論在擂台上或戰場上，壺鈴與高強度徒手訓練能涵蓋你所需的一切。

我要如何將徒手訓練與壺鈴、槓鈴訓練相結合？

重申一次，別老想著**阻力**類型，想想你想要做的肌力類型。

例如：拍掌伏地挺身、低反覆次數的壺鈴抓舉與壺鈴擺盪、槓鈴爆發上膊都是爆發肌力型的動作，應該當作同個類型。單手伏地挺身、硬舉、倒提壺鈴上膊肩推等都屬於最大肌力動作；高反覆的伏地挺身、壺鈴抓舉、20 下以上的槓鈴深蹲等，則屬於肌力——耐力型動作。

利用以上的原則，將你會的訓練動作分類。建議從爆發型訓練到最大肌力訓練，再到高反覆訓練，無論你的訓練週期是以次為單位還是以週為單位。

高張力技術和 GTG 系統可以應用在負重訓練上嗎？

當然囉！高張力技術適合應用在各種高力量輸出的訓練上。

如果你整天都能觸及訓練器材，那麼 GTG 也適用。但除非你是健身房員工、有錢人、或超級有錢人，不然這根本是不可能的。但是你可以把壺鈴帶去上班，如此一來就能練到壺鈴抓舉、槍式深蹲、單手伏地挺身混合訓練。

高張力技術和 GTG 系統可以應用在肌力──耐力訓練上嗎？

可以的。當你要「保養」你的耐力時，每次僅使用最大反覆次數的一半，至於高張力技術，則留給檢測的最後幾下使用。

我總是會過度訓練，我該怎麼辦？

那麼 GTG 必須隔日做。另外一種方法是連續訓練幾天，然後在開始感覺疲勞時完全休息一天。

我可以從現有的基礎直接開始執行徒手戰士訓練法嗎？

可以的，但建議你要加上大重量下肢拉動作，像是槓鈴硬舉、上膊、或壺鈴抓舉。這些不必像 GTG 那樣每天都要練習。你可以將其與徒手戰士訓練課表分開來，用較傳統的課表安排法來練，比如說，一週練兩次，每次 5 組 5 下。

我可以在徒手戰士訓練法中增添更多的訓練動作嗎？

最好不要同時以 GTG 訓練超過兩個以上的無相關動作，但你可以試試看加上不會與槍式深蹲、單手伏地挺身太過相像的動作看看。例如，硬舉或引體向上會是適合的，臥推不建議，倒立肩推則是超級不建議，它雖然是完全不同方向的訓練，但會讓與單手伏地挺身相關的肌群「操到發煙」，你如果試試看，就知道會發生什麼事了。

為了讓事情簡單一點，如果想加入更多訓練動作的話，無論使用自身體重或是負重器材，使用一週 2 到 3 次，每次 5 組 5 下的頻率即可。你要明白的是，你在每日訓練中增加的內容越多，你就越有可能過度訓練。

如果我只練書中所教的兩個動作，會讓我的肌力失衡嗎？

如果你遵循書中所指示的來做，這不太可能發生。如果正確的操作槍式深蹲與單手伏地挺身，那挑戰到的會是大部分的大肌群。如果你有應用螺旋勁功法的話，你的背肌也會得到足夠的訓練量。你的腹肌會在單手伏地挺身中對腹腔加壓，並且協助穩定全身平衡，它們也會得到足夠的訓練量。

如果只練書中所教的兩個動作，那最容易缺乏訓練的部位是小腿、下背、斜方肌，以及前臂。上述肌群除了小腿以外，都可以透過槓鈴硬舉或壺鈴抓舉來補足。至於小腿，跳繩會是個好方法。

如果無法觸及體外負重以及單槓，還有什麼拉系列動作可以鍛鍊背肌呢？

有的。讓我介紹一下我從兩位世界冠軍武術家身上學到的，隨時隨地都能鍛鍊的動作。

攀門引體向上

「攀門引體向上」是職業踢拳界傳奇，比爾・華勒斯（即先前提過的超級左腳）所發明的。你所需要的只有一扇夠堅固，足以支撐你體重的門，以及夠高，以免撞到頭的天花板。如果你蠢到在廉價的汽車旅館裡練這個動作，而扯下整扇門然後摔個七葷八素，這是你的問題，不是「超級左腳」的問題。

將門打開，兩手掌與肩同寬的攀在門上，兩膝彎曲別讓腳掌觸地。你可以在門上加一條毛巾來增加舒適度。屁股夾緊來讓髖部貼緊門，接著開始引體向上。

你會發現，因為你的手肘無法穿透門，而使肘屈肌面臨極大的槓桿劣勢，這會讓你的背肌得到極大的超負荷效果。而膝蓋和門之間產生的摩擦阻力，會迫使你的背肌出更多力。離心階段會比較容易，但魚與熊掌不可兼得，有得練就不錯了。

你也可以在牆上或是柵欄上練習這招。

踢拳界傳奇人物「超級左腳」比爾‧華勒斯，示範用他家的門來做引體向上。
照片由 superfoot.com 授權提供。

我要如何將徒手戰士技術
應用在我的專項競技體能裡？

這個問題的答案超出了本書的範疇。讓你的教練，或至少讓你的常識來指引你吧。

哪裡可以讓我學到更多
徒手肌力訓練呢？

我出版社的網站：dragondoor.com，網站上有許多範圍廣泛的優秀文章：徒手肌力訓練、壺鈴訓練、健力訓練、肌力及體能訓練、戰術肌力及體能訓練、武術訓練、近距離作戰訓練等。只要你滑鼠單點「文章」鍵，並且訂閱我的「Power by Pavel」電子報（這不用付費），就可以免費閱讀網站上的所有文章，而我的電子報裡頭關於訓練的免費資訊，比促銷資訊還要多。

以下是在我的新聞稿中的其中一篇訓練建議，供你參考：

通訊作者約翰·杜卡內（John Du Cane，RKC）是《五禽戲功法》（The Five Animal Frolics）的作者，他為我示範了「牆式深蹲」，這是在中國氣功習練者之間流行的一種徒手深蹲版本。除了有益健康以外，這個動作還能讓你學會如何像健力專項運動員一樣鎖緊下背，並且在進步的同時，也節省了大把的時間。

面對牆壁，距離約幾公分，兩臂放鬆下垂，就像是要硬舉那樣。兩腳掌平行且彼此靠近。盡可能的下蹲，越深越好，可以試著做到全蹲深度。試過幾次之後，

開始往前站一點，盡可能的縮短與牆面的距離，額頭幾乎碰觸到牆面。當你蹲至平行深度時，你的下背部會發生一些很酷的事情，試試看吧，你不會想錯過的。

至於已經很強壯的同志們：試試看牆式槍式深蹲吧。找一個轉角處，如此一來能讓下蹲腿的膝蓋以及你的頭部被牆擋住，懸空腿可以從轉角處向前伸直。

低反覆次數又不力竭？
這樣練未免太簡單了吧！

別抱怨高張力訓練無法建構其他身體素質，這不符合其原始用意，高張力訓練本來的焦點，就是直指最大肌力。

但如果你在尋求能建構其他身體素質的課表的話，可以在最大肌力訓練後，直接做幾組高反覆的壺鈴抓舉來試試看自己有幾兩重。「這是我這輩子做過最困難的事。」一名海軍陸戰隊偵察隊員在幾組壺鈴抓舉後如此說道。如果你真的覺得自己夠強了，請試試看吧！你會寧可死掉的。

「在壓力下，身體會自動叫出平常訓練的東西。」近身格鬥專家，RKC，提姆・拉爾金說道。照片由 tftgroup.com 提供。

在遇到緊急狀況時，我可能會忘掉這些提升肌力的技巧嗎？

「在壓力下，身體會自動叫出平常訓練的東西。」這已是軍事與執法界所公認的。如果你練習正確的動作夠久，那麼當腎上腺素噴發的時候，你的身體會自動做出正確的事，反之亦然，如果你練的是錯的則會……一切取決於你長時間反覆練習的是什麼。

提姆・拉爾金（Tim Larkin，RKC），前海軍特別作戰情報官（Special Warfare Intelligence Officer），負責所有海豹特種部隊的訓練工作，目前是特種作戰部隊和一般民眾的徒手作戰教練（有關提姆提供的優質課程的詳細資訊，請參考 tftgroup.com）。他喜歡說一則關於一名有潔癖的警察靶場教官的故事，這名靶場教官十分厭惡他那一塵不染的射擊場上，散落著滿地的空彈殼。

他堅持警員練習時，要將從左輪手槍卸出的空彈殼放進自己的口袋裡，不能直接丟棄到地上。不久之後，有兩名接受他訓練的警員在槍戰中喪生。你猜怎麼著？這兩名喪命的警員被發現時，手上抓著口袋裡的空彈殼。如果他們平時習慣將空彈殼丟棄，現在可能還活著。

同樣的，如果平常就練習著適切的彈藥裝填習慣，那麼即使在生死交關的情況下，正確的動作就只是「剛好發生」而已。如果你有意識的執行某些動作夠久，那麼這個動作就可以變成無意識的自動操作。

同樣的，經由勤奮的反覆練習，高張力技術也可以深深的刻印在你的脊髓中。只要練的夠多，你的腹肌會在有需要時自動收緊。這個原則和本書中許多其他原則一樣，已被好幾代的武術家採用多年。

本書是否過分強調
技術層面呢？

肌力就是技術。當某人對保加利亞舉重教練安捷爾·斯帕索夫（Angel Spassov）說他的訓練法「不正常」時，他調侃道：「誰說我們要的是正常？我們想要的是非凡。」

徒手戰士訓練法也是如此。肌力訓練的典型教科書總是告訴你「控制好離心階段、不要駝背、不要過度拱背、下去時吸氣、上來時吐氣」等等，來呼攏帶過肌力技術的問題，雖然這些指引可能很容易就能記住，但是遵循這些指引，只會為你帶來跟記住它們一樣，只有馬馬虎虎的效果。用武術來比喻，這就像是在解釋「寸勁」的技巧時說：「請從一寸的距離擊拳。」我也只能說，祝你好運嘍。

將發力最大化是一門科學、一門藝術。除了一些只是「做就是了」的才華洋溢超級運動員以外，其他的頂尖選手都是透過努力不懈地磨練自己的技術才能達到顛峰。世界臥推冠軍喬治·哈爾伯特（George Halbert）說過，他花了 13 年的時間，才真正理解肱三頭肌在臥推中的作用！

如果你不願意以這樣的專注致志與耐性毅力來看待肌力訓練，那你最好學會接受自己的軟弱。從隨處可見的輕鬆愉悅課表中挑一個來做吧，或是在附近的健康水療中心找個「肌肉調理」課程來上，然後得到「健康」吧，隨便你啦。記得跟其他娘娘腔們問好。

最後……沒有藉口！

蘇倫‧博格達薩羅夫（Suren Bogdasarov）是一名蘇聯軍官，也是傳奇舉重冠軍尤里‧弗拉索夫（Yuri Vlasov）的教練，1970 年代晚期到 1980 年代早期，他持續不懈地在軍隊中推廣肌力訓練。在其中一個小隊，他聽聞有人抱怨軍中沒有夠好的肌力訓練器材。

這位偉大的教頭回憶道：「我拿了兩把椅子，然後將椅背相對，與肩同寬，接著我開始在兩個椅背上面做雙槓撐體……做了 8 到 10 下後，我開始練腹肌，將雙膝打直，腳踝抬至與肩同高，隨後在保持身體呈 L 型的姿勢下慢慢將雙腳放下；接著我單腳跳到一張椅子上，開始做單腳深蹲；再來我跳下椅子，開始做早安跳躍，就是向前鞠躬，屈髖伸直並垂直跳躍。這些都做完後，我還向他們展示了幾招徒手肌力訓練。」

博格達薩羅夫教官是一名舉鐵成癮者，他無法抗拒舉起槓鈴或壺鈴，但更令他著迷的是肌力訓練，就算他心愛的重金屬不在身邊，他也不會讓自己無所事事。正如這位徒手戰士在演講結束時所說的那樣：「天助自助者，別期待什麼都不做，就會天降甘霖。」

祝你強而有力！無論有無器材，無論何時何地。

POWER TO YOU,
NAKED WARRIOR!
PAVEL

Strength & Conditioning 005

帕維爾徒手戰士訓練法：
俄式訓練大師，傳授你只用自體重量訓練，
就能練到超級強壯的戰鬥民族訓練法。

The Naked Warrior : Master The Secrets of
The Super-Strong—Using Bodyweight Exercises Only

作　　者｜帕維爾·塔索林（Pavel Tsatsouline）
譯　　者｜陳柏瑋
審　　定｜王啟安

堡壘文化有限公司

總 編 輯｜簡欣彥
副總編輯｜簡伯儒
責任編輯｜簡欣彥
行銷企劃｜許凱棣、曾羽彤
封面設計｜萬勝安
內頁構成｜IAT-HUÂN TIUNN

讀書共和國出版集團

社　　長｜郭重興
發行人兼出版總監｜曾大福
業務平臺總經理｜李雪麗
業務平臺副總經理｜李復民
實體通路組｜林詩富、陳志峰、賴佩瑜、郭文弘
網路暨海外通路組｜張鑫峰、林裴瑤、王文賓、范光杰
特販通路組｜陳綺瑩、郭文龍
電子商務組｜黃詩芸、李冠穎、林雅卿、高崇哲、沈宗俊
閱讀社群組｜黃志堅、羅文浩、盧煒婷
版 權 部｜黃知涵
印 務 部｜江域平、黃禮賢、李孟儒

出　　版｜堡壘文化有限公司
發　　行｜遠足文化事業股份有限公司
地　　址｜231 新北市新店區民權路 108-2 號 9 樓
電　　話｜02-22181417
傳　　真｜02-22188057
E m a i l｜service@bookrep.com.tw
郵撥帳號｜19504465 遠足文化事業股份有限公司
客服專線｜0800-221-029
網　　址｜http://www.bookrep.com.tw
法律顧問｜華洋法律事務所　蘇文生律師
印　　製｜呈靖彩藝有限公司
初版 1 刷｜2022 年 8 月
定　　價｜新臺幣 450 元
I S B N｜978-626-7092-61-3
　　　　　978-626-7092-64-4（Pdf）
　　　　　978-626-7092-65-1（Epub）